FRANCE

... DU TRAVAIL

NOTES

SUR

LA JOURNÉE DE HUIT HEURES

DANS

LES ÉTABLISSEMENTS INDUSTRIELS DE L'ÉTAT

PARIS

IMPRIMERIE NATIONALE

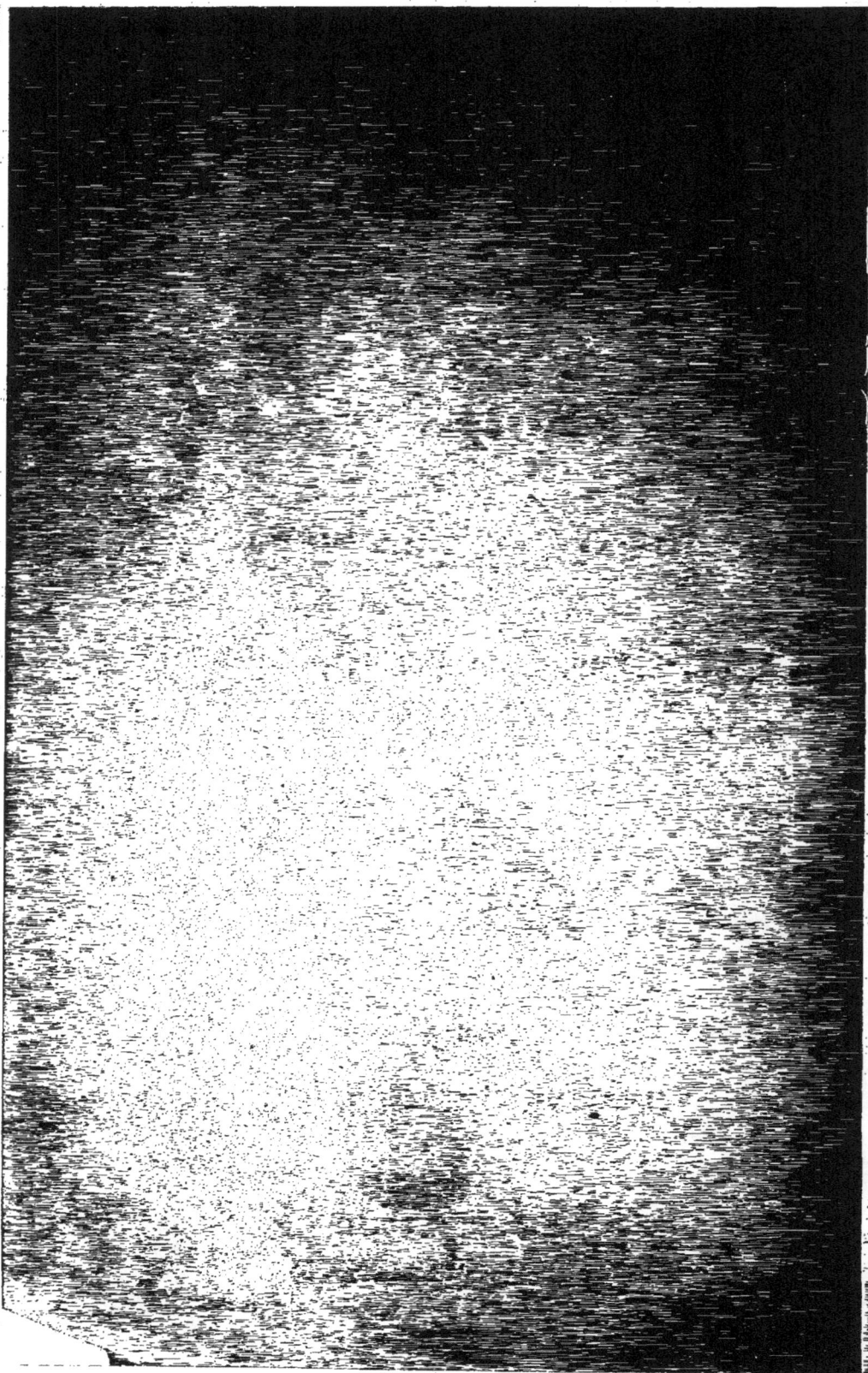

— 9 Janvier 1907 —

NOTES

SUR

LA JOURNÉE DE HUIT HEURES

DANS

LES ÉTABLISSEMENTS INDUSTRIELS DE L'ÉTAT

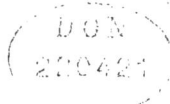

RÉPUBLIQUE FRANÇAISE

MINISTÈRE DU TRAVAIL ET DE LA PRÉVOYANCE SOCIALE

OFFICE DU TRAVAIL

NOTES

SUR

LA JOURNÉE DE HUIT HEURES

DANS

LES ÉTABLISSEMENTS INDUSTRIELS DE L'ÉTAT

PARIS

IMPRIMERIE NATIONALE

1906

AVERTISSEMENT.

Dans ces dernières années, divers gouvernements ou administrations ont limité à huit heures la durée du travail dans tous les établissements industriels de l'État ou dans une partie de ces établissements. En France, la réduction de la journée de travail a été essayée depuis 1899 et appliquée depuis 1901 dans différents départements ministériels. Le 13 janvier 1905, M. Vaillant, député, et un certain nombre de ses collègues ont présenté une proposition de loi « tendant à l'établissement de la journée de huit heures et d'un salaire minimum pour tous les ouvriers, ouvrières, employés et employées des travaux, emplois ou services de l'État ».

Au moment où la journée de huit heures est ainsi réclamée pour l'ensemble des travailleurs qu'occupe l'État français, l'Office du travail a cru utile de recueillir et de publier un ensemble de documents sur l'étendue de l'application de la journée de huit heures dans les établissements industriels de l'État et sur les résultats donnés par cette mesure.

Des pièces que renferme le présent volume, les unes ont déjà été publiées (dans le Journal officiel, le Bulletin de l'Office du travail, etc.), les autres sont inédites. On en a reproduit, autant qu'il a été possible, le texte intégral; mais on a cru devoir supprimer, dans certains rapports (relatifs, notamment, à la journée de huit heures dans les arsenaux et établissements de la Marine), plusieurs développements d'un caractère essentiellement technique, dont l'appréciation est malaisée en dehors des services auxquels ils se rapportent.

Actuellement, la journée de huit heures est appliquée par l'État dans les ateliers dépendant du Sous-secrétariat des postes et des télégraphes, dans les arsenaux et établissements de la Marine et dans quelques établissements d'une moindre importance. Après avoir donné la liste complète de ces établissements, on a présenté les renseignements relatifs à l'application et aux résultats de la journée de huit heures dans les établissements des Postes et de la Marine. La durée de la journée dans les établissements de la Guerre est actuellement fixée à neuf heures, à titre d'essai indéfini; mais un essai de la journée de huit heures avait été fait auparavant; les résultats qu'il a donnés doivent être rapprochés de ceux de l'essai de la journée de neuf heures; il y a là deux questions connexes qu'il y aurait eu des inconvénients à présenter séparément; on les a, en conséquence, examinées en même temps.

Ces documents sont complétés par un chapitre sur la journée de neuf heures dans les établissements de l'État, et par le texte de la proposition de loi qu'a déposée M. Vaillant le 13 janvier 1905.

Quelques renseignements sur la journée de huit heures dans les établissements industriels d'État dans les pays étrangers terminent le volume.

1ᵉʳ juillet 1906.

LISTE DES ÉTABLISSEMENTS DE L'ÉTAT
DANS LESQUELS LA JOURNÉE DE TRAVAIL NE DÉPASSE PAS HUIT HEURES.

Les renseignements qui suivent ont été recueillis par le service de l'Inspection du travail ou fournis par les administrations compétentes. Ils se réfèrent à la situation durant l'année 1904.

DÉSIGNATION DES ÉTABLISSEMENTS, CHANTIERS, ATELIERS, ETC.	NOMBRE D'OUVRIERS et d'ouvrières soumis à la même durée de travail.	DURÉE du TRAVAIL EFFECTIF, égale ou inférieure à huit heures.
I. — MINISTÈRE DES TRAVAUX PUBLICS. (SOUS-SECRÉTARIAT D'ÉTAT DES POSTES ET DES TÉLÉGRAPHES.)		
Personnel ouvrier de toutes catégories (Paris et départements).	3725 (A).	Huit heures.
MINISTÈRE DE LA MARINE.		
Ateliers des arsenaux et des établissements hors des ports.	Environ 30,000 de toutes les professions.	Huit heures.
Dessinateurs.	500 environ.	Sept heures.
MINISTÈRE DE LA GUERRE.		
Ateliers de concentration de Tarbes	1371	Huit heures (B).
MINISTÈRE DES FINANCES.		
Enregistrement et timbre (Seine).	138	Sept heures 1/2.
MINISTÈRE DE L'INSTRUCTION PUBLIQUE. (SOUS-SECRÉTARIAT D'ÉTAT DES BEAUX-ARTS.)		
Manufacture des Gobelins.	95	Huit heures.
Manufacture de tapisserie de Beauvais.	55	Huit heures.

(A) Voici, d'après le budget de 1904, le détail de ce chiffre :
Chapitre IX. — Service de la vérification du matériel du dépôt central et de l'agence comptable des timbres-poste. 24
Chapitre X. — Service de la vérification du matériel et du dépôt central (imprimés et matériel postal). 41
Hôtel des Postes de Paris. 43
Service intérieur. 22
Bureaux centraux télégraphiques et téléphoniques de Paris. 36
Hôtels des postes dans les départements. 12
Chapitre XI. — Agence comptable des timbres-poste. 65
Ateliers de fabrication des timbres-poste. 272
Chapitre XII. — Service des ateliers de réparation du matériel postal. 14
Chapitre XV. — Service de la vérification du matériel et du dépôt central. 174
Service des ateliers de construction et de réparation du matériel électrique. 241
Services électriques de la région de Paris. 1,033
Service du contrôle des installations électriques industrielles et des études scientifiques et techniques. . 25
Service des départements. 1,707
Service des câbles sous-marins. 16

(B) Neuf heures à partir du 1er juillet 1904. — Dans une partie des établissements de l'artillerie, ceux qui sont chargés de la conservation et de l'entretien du matériel, la journée est parfois de huit heures ; mais ces établissements, dans lesquels un personnel d'employés se mélange à un personnel d'ouvriers, ne sont pas à proprement parler des établissements industriels ; du reste le personnel de la plupart d'entre eux est très restreint. — Notons qu'à la Poudrerie du Moulin blanc, aux ateliers de construction de Puteaux, etc., il y a des apprentis qui font huit heures de travail par jour, et même moins.

MINISTÈRE DES TRAVAUX PUBLICS.

(SOUS-SECRETARIAT D'ÉTAT DES POSTES ET DES TÉLÉGRAPHES.)

I

ÉTABLISSEMENT DE LA JOURNÉE DE HUIT HEURES.

La journée de huit heures fut mise à l'essai le 16 septembre 1899 par le Ministre du commerce (dont dépendait alors le Sous-secrétariat des postes et des télégraphes) dans les ateliers du boulevard Brune à Paris (fabrication des timbres-poste, agence comptable, dépôt central et vérification du matériel, ateliers de construction et de réparation du matériel postal). L'expérience fut ensuite étendue au magasin régional des postes, puis à l'atelier d'électricité du poste central de Paris.

La réforme fut rendue définitive par arrêté du 9 février 1901 dans les établissements du boulevard Brune; elle le devint également le 1er mai 1901 pour le personnel ouvrier des équipes de la région de Paris, et le 24 septembre 1901 pour l'atelier d'électricité du poste central. La journée de huit heures fut de même étendue, le 1er mars 1901, au personnel ouvrier des services d'installation et d'entretien des appareils téléphoniques de la région de Paris, et, le 16 juillet 1901, au personnel de l'atelier de force motrice de l'Hôtel des postes. Enfin, le 7 mai 1902, elle fut appliquée au personnel ouvrier des départements.

II

RÉSULTATS DE LA JOURNÉE DE HUIT HEURES.

Le Sous-secrétariat d'État des postes et des télégraphes a établi successivement deux notes relatives aux conséquences de l'application de la journée de huit heures.

PREMIÈRE NOTE.

La première note, en date du 10 mars 1903, a été rédigée pour répondre à une demande de renseignements envoyée par le Ministère de la guerre. Elle s'occupe uniquement des résultats de la journée de huit heures établie dans les ateliers du boulevard Brune par l'arrêté du 9 février 1901. En voici le texte :

Pour permettre d'apprécier en toute connaissance de cause les conséquences générales de cet arrêté, il n'est pas inutile de rappeler que les ouvriers des ateliers de l'administration étaient payés les uns à l'heure, les autres à la tâche et aux pièces.

L'essai de la réduction de la journée de travail ne pouvait évidemment être poursuivi que sous la double condition suivante :

1° La production ne serait pas sensiblement ralentie ;

2° Le prix de revient des travaux resterait à peu près le même.

Pour que la réforme pût être définitivement réalisée, il fallait donc que l'ouvrier arrivât à produire, en huit heures de travail, autant qu'en dix ; il fallait aussi que les ouvriers travaillant aux pièces ne vissent pas leurs salaires amoindris par l'application de la journée de huit heures.

L'effort exceptionnel demandé aux ouvriers put être accompli ; et l'administration constata au bout de trois mois que le chiffre de la production journalière n'avait pas sensiblement varié. Cette surproduction ne s'est pas maintenue, il faut bien l'avouer ; et l'Administration a pu constater que le rendement est devenu inférieur à celui qu'on obtenait sous l'ancien régime. La cause vraie de cette diminution est due, semble-t-il, bien plus à la suppression du travail aux pièces qu'à l'application de la journée de huit heures.

Au point de vue pécuniaire, l'augmentation de l'effectif, forcément entraînée par la réorganisation des services (suppression du travail aux pièces, arrondissement des salaires), a donné lieu à un surcroît de dépenses de 33,000 francs environ. Ce chiffre représente une augmentation de 2,4 p. 100 du montant des salaires payés antérieurement, pour une diminution de 20 p. 100 de la durée du travail, réduite de dix à huit heures.

SECONDE NOTE.

La seconde note, datée du 15 mai 1905, a été rédigée sur la demande du Ministre du commerce ; elle porte « sur les résultats que l'expérience a permis de constater à la suite de l'application de la journée de huit heures dans les divers services du Sous-secrétariat d'État des postes et des télégraphes ». En voici le texte *in-extenso* :

SERVICE DES ATELIERS ET SERVICE DU DÉPÔT CENTRAL.
(Établissements du boulevard Brune, ateliers et dépôt central du matériel.)

Au moment de l'établissement de la journée de huit heures, le personnel des ateliers et du dépôt central du matériel se composait de deux catégories bien distinctes d'ouvriers, les uns travaillant aux pièces, les autres à la journée.

Cette division a été maintenue au moment de l'application de la réforme.

Un peu plus tard, le travail aux pièces a été supprimé, et les ouvriers qui y participaient, de même que ceux qui travaillaient à la journée, ont été commissionnés suivant des règles établies en vue de tenir compte de leurs droits acquis.

En ce qui concerne les ouvriers payés alors à la journée, le commissionnement a eu pour résultat de répartir sur 365 jours leur salaire annuel, jusqu'alors acquis seulement pour les jours ouvrables, soit 305 jours.

Ce salaire annuel n'a donc pas varié, pas plus qu'au moment de l'établissement de la journée de huit heures.

La dépense annuelle est, par suite, restée sensiblement la même.

Quant à la production, elle a subi une diminution qui paraît être comprise entre $1/10^e$ et $2/10^e$, mais qu'il est difficile d'évaluer en raison de la diversité des opérations effectuées et de leurs variations d'année en année.

A l'atelier de fabrication des timbres-poste, où des statistiques précises ont pu être établies, la production est limitée par la vitesse des machines. Au moment de la réduction à huit heures de la journée de travail, cette vitesse a été portée à l'extrême limite qu'on pouvait obtenir sans accroître outre mesure la rapidité d'usure des machines. Grâce à la surproduction horaire ainsi obtenue, la perte effective n'a été que d'une heure de travail, soit de 10 p. 100. Il y a lieu, d'ailleurs, de tenir compte de ce que l'adoption de la journée de huit heures a conduit à rechercher et à mettre en pratique toutes les réformes de détail capables de simplifier les travaux, d'éviter les pertes de force et, par conséquent, d'accroître le rendement horaire.

En ce qui concerne les travaux anciennement effectués aux pièces, ils se rapportent, pour la plupart, à des réparations de matériel de poste télégraphique ou téléphonique, et, par suite, ils échappent à toute comparaison précise. Il a été constaté cependant que, dans un grand nombre de cas, les prix de revient se sont élevés; mais les ouvriers font observer que, libérés désormais du souci de s'assurer un salaire suffisant par une production intensive, ils s'attachent davantage à la qualité du travail; que les appareils, étant plus solidement constitués et mieux réglés, la fréquence des réparations se trouve réduite, et que l'État récupère ainsi, au moins en partie, la majoration du prix de revient de chacune d'elles.

Les ateliers de mécanique ont continué à assurer, comme par le passé, la réparation de tous les appareils de modèle courant de l'administration, sans préjudice des travaux spéciaux qui leur sont confiés. Il est permis de voir dans ce fait une sorte de confirmation, au moins générale, de la compensation entre la quantité et la qualité du travail.

La majoration des prix de revient est d'ailleurs variable suivant le genre des travaux auxquels ils s'appliquent. Pour certains d'entre eux, tels que la fabrication des piles Leclanché, elle disparaît et les prix de revient actuels sont même légèrement inférieurs aux anciens.

Sans méconnaître la bonne volonté et le zèle des ouvriers, qui ont permis d'atteindre un résultat aussi heureux, il faut en attribuer une part à la manière un peu large dont avait été établi le prix de fabrication aux pièces des éléments de pile Leclanché. Ce prix était plutôt exagéré, et son maintien ne se justifiait que parce qu'il constituait une compensation à d'autres travaux à la tâche beaucoup moins largement rémunérés.

En résumé, la diminution de production que devrait entraîner forcément la réduction de la journée de dix heures à huit heures a été, aux ateliers et au dépôt central du matériel, maintenue dans des limites raisonnables. Il n'était guère possible d'espérer mieux au point de vue du nouveau rendement que ce que l'expérience a donné.

SERVICE PNEUMATIQUE.

Le Service pneumatique consiste essentiellement pour les ouvriers à conduire et à surveiller des générateurs de vapeur, des moteurs et des compresseurs dont la durée de marche est dans la dépendance absolue des besoins de l'exploitation, autrement dit limitée aux heures d'ouverture et de fermeture des bureaux desservis.

L'administration ne doit donc pas escompter avec la journée de huit heures une augmentation proportionnelle de la production individuelle du personnel. Elle doit seulement obtenir ce résultat appréciable d'éviter un surmenage à des ouvriers chargés de travaux pénibles et dangereux. On peut dire, par suite, que, pour les ateliers de force motrice, où il ne s'agit pas d'un travail de production, mais d'un service de surveillance, le rendement est mathématiquement diminué de 1/5°.

SERVICE DES ÉQUIPES.

L'application de la journée de huit heures aux ouvriers des divers services des équipes a eu pour conséquence, au moins dans certains services, une augmentation de dépenses. Toutefois il n'est pas possible de chiffrer, même approximativement, cette augmentation, par ce motif que la mise en vigueur de la journée de huit heures a coïncidé avec diverses améliorations, certaines très importantes, d'ordre moral et matériel, apportées à la situation des ouvriers, améliorations qui ont également contribué dans une large part à l'augmentation de dépenses constatées par rapport à l'ancien régime.

L'application de la journée de huit heures n'a pas sensiblement diminué le rendement dans les équipes, mais on a constaté une variation suivant la nature des opérations.

Les conditions d'exécution du travail sont essentiellement variables et, par suite, ne se prêtent pas à une comparaison judicieuse du rendement dans les deux régimes. Cependant on peut admettre qu'en hiver, c'est-à-dire pendant la saison où les jours sont le plus courts, le rendement est à peu près le même avec la journée de huit heures qu'avec l'ancienne journée de dix heures, laquelle, en raison du temps de route et du repas, était ramenée effectivement à huit heures environ.

Au contraire, on constate une certaine diminution de rendement pendant la belle saison; mais il n'est pas possible d'affirmer qu'elle représente bien 1/5° du rendement obtenu avec la journée de dix heures.

INSTALLATIONS TÉLÉPHONIQUES.

Sous l'ancien régime, les ouvriers du montage proprement dit étaient pratiquement astreints à une journée de neuf heures, tandis que leurs collègues des bureaux centraux, ainsi que les pilistes, travaillaient effectivement dix heures par jour.

Les opérations confiées aux ouvriers monteurs et pilistes (installations neuves ou relèvement des dérangements) comportent, en outre du travail chez l'abonné ou dans un bureau de poste, un certain parcours pour se rendre sur le lieu du travail et, le cas échéant, pour rentrer au bureau central. Ce temps de route est nécessairement perdu pour le travail effectif.

L'application de la journée de huit heures n'ayant apporté aucune modification aux conditions d'exécution du travail, il en est forcément résulté une diminution dans le rendement à peu près équivalente à la réduction de temps. La même constatation s'applique aux ouvriers attachés à l'entretien des bureaux centraux, puisque, pour ces derniers, le rendement est surtout représenté par le nombre d'heures de présence.

MINISTÈRE DE LA MARINE.

I

ÉTABLISSEMENT DE LA JOURNÉE DE HUIT HEURES.

Un essai de la journée de huit heures dans certains établissements fit l'objet d'un arrêté du Ministre de la marine en date du 21 octobre 1902 et d'une circulaire du même jour. La journée de huit heures fut étendue à tous les établissements par une circulaire du 7 janvier 1903.
Voici le texte de ces documents :

1. — *Circulaire et arrêté du 21 octobre 1902.*

Monsieur le vice-amiral, j'ai l'honneur de vous informer que par arrêté en date de ce jour, j'ai décidé que la durée de la journée de travail est fixée provisoirement, et à titre d'essai, à huit heures de travail effectif pour le personnel ouvrier employé :
Toulon : à la petite chaudronnerie de votre port.
Lorient : à la direction d'artillerie de votre port.
Afin que cet essai puisse donner des indications aussi exactes que possible sur le rendement de la journée de huit heures, il est nécessaire que le personnel chargé de la direction et de la surveillance des ateliers assiste à la reprise et à la cessation du travail.
Je compte sur vous pour faciliter par tous les moyens en votre pouvoir l'expérience entreprise, et je vous invite à m'envoyer d'urgence les propositions que vous jugeriez utiles.

Le Ministre de la marine,

     Arrête :

La durée de la journée de travail est fixée provisoirement, et à titre d'essai, à huit heures de travail effectif pour le personnel ouvrier employé dans les services suivants :
Toulon. — Atelier de la petite chaudronnerie.
Lorient. — Direction d'artillerie navale.
Cet arrêté sera exécutoire à dater du 1er novembre 1902.

2. — *Circulaire du 7 janvier 1903.*

Messieurs, en raison des résultats très satisfaisants obtenus par l'essai de la journée de huit heures à l'atelier de la petite chaudronnerie de Toulon et à la direction d'artillerie de Lorient, j'ai décidé d'étendre cette mesure à tous les arsenaux et établissements hors des ports.

Afin de réaliser tous les effets qu'on est en droit d'attendre de cette nouvelle organisation, le personnel chargé de la direction et de la surveillance des ateliers devra s'astreindre à assister à la reprise ainsi qu'à la cessation du travail.

Je compte sur vous pour faciliter par tous les moyens en votre pouvoir l'application de cette réforme.

Vous voudrez bien m'adresser d'urgence les propositions qui vous sembleront utiles, notamment pour le personnel des ateliers, dans lesquels le travail doit être continu.

La présente décision entrera en vigueur à dater du 15 janvier 1903.

II

RÉSULTATS DE LA JOURNÉE DE HUIT HEURES [1].

A. — Notes et rapports présentés à la Commission extraparlementaire de la Marine [2].

Les notes et rapports contenus dans ce document forment quatre groupes :

ANNEXE I. — Notes des directeurs du génie maritime.
ANNEXE II. — Notes des syndicats des ouvriers de la Marine.
ANNEXE III. — Notes des chefs de manutention.
ANNEXE IV. — Rapports des directeurs de l'artillerie navale.

ANNEXE I.

NOTES DES DIRECTEURS DU GÉNIE MARITIME.

LORIENT.

NOTE DU 30 NOVEMBRE 1904.

L'auteur de cette note constate d'abord que, depuis quelques années, des perfec-

---

[1] On pourra compléter les renseignements fournis par les documents ci-dessous en se reportant au compte rendu de diverses séances, notamment de la Chambre des députés. Voy., par exemple, la discussion du budget de la Marine pour l'année 1905.

[2] Commission extraparlementaire de la Marine. — Rapports sur les résultats pratiques de l'application de la journée de huit heures, Annexe. — J. 5674, épreuve, 14 mars 1905.

tionnements incessants ont été apportés à la construction (méthodes de travail, rendement, etc.). Il continue en ces termes :

Le travail à la tâche a été un puissant stimulant, et les remaniements subis par les tarifs donnent une idée du relèvement qu'il a fait subir à la production, tout en assurant aux ouvriers sérieux un bénéfice tel qu'ils demandaient à travailler à la tâche quand la nature des travaux à exécuter obligeait à les employer à la journée.

Dans ces conditions, la production a suivi pendant quelques années une progression ascendante, qui n'avait certainement pas atteint son maximum quand on a supprimé le travail à la tâche et réduit la durée de la journée. Bon nombre de tarifs n'étaient pas fixés définitivement, l'outillage a continué et continue toujours à s'améliorer, et les efforts persévérants des ingénieurs et de leurs auxiliaires n'ont pas cessé de perfectionner les tracés d'exécution et les méthodes de construction.

On conçoit qu'au milieu des nombreux facteurs qui influent sur la production, il soit difficile de préciser le rôle de chacun d'eux ; nous essayerons cependant de le faire.

Après la suppression du travail à la tâche, ingénieurs, adjoints et surveillants ont fait tous leurs efforts pour que la production horaire reste au moins égale à ce qu'elle était avec le système des primes ; l'expérience avait démontré qu'elle était sensiblement égale en hiver, où la journée n'était que de huit heures et demie, et en été, où elle atteignait dix heures. Après la réduction de la journée de travail, on s'est efforcé, conformément aux prescriptions ministérielles, d'obtenir huit heures de travail effectif..... Au début, tout le personnel a déployé le zèle le plus louable ;.... mais, après un certain temps, on a remarqué une tendance à revenir aux anciens errements. La dépêche du 4 mars 1904 a porté atteinte au principe de huit heures de travail effectif en prélevant un quart d'heure sur la durée du travail pour la paye, qui, depuis la nouvelle réglementation, avait lieu après le travail.....

.....Les considérations qui précèdent expliquent qu'il ne soit pas possible d'isoler les effets de la journée de huit heures, et, par suite, de donner des résultats très précis.

Le directeur du génie maritime, auteur de la note, essaye cependant de comparer le rendement de la journée actuelle à celui résultant de l'application de l'ancien régime. Il présente cette conclusion générale :

On voit en résumé que : *depuis l'adoption de la journée de huit heures la production horaire, après avoir été égale ou même supérieure à ce qu'elle était antérieurement, a une tendance à diminuer.*

Toutes choses égales d'ailleurs, même salaire, même outillage, etc., l'égalité de production horaire entre la journée de huit heures et celle de neuf heures et demie conduirait à un prix de revient en raison inverse de la durée du travail $\frac{9,5}{8} = 1,18$. D'après ce qui précède, on peut évaluer l'augmentation à 15 p. 100 en chiffres ronds. La durée d'exécution augmente dans le même rapport si le nombre d'ouvriers reste le même.

CHERBOURG.

NOTE DU 25 NOVEMBRE 1904 (1).

Avant la décision du 7 janvier 1903 établissant la journée de huit heures, écrit le Directeur du génie maritime, la durée moyenne de la journée était de neuf heures trente-trois minutes; mais, la durée réelle, par suite de pertes de temps diverses, n'étant que de huit heures cinquante-trois minutes. Sous le régime nouveau ces pertes de temps ont été limitées, de sorte que la journée effective se trouve être de sept heures quarante minutes. Un simple calcul permet de constater que la durée effective du travail a subi, depuis l'application de la journée de huit heures, une réduction de 13 à 14 p. 100.

Le travail produit a-t-il subi une réduction à peu près équivalente? Cela ne peut faire l'objet d'aucun doute en ce qui concerne une fraction assez importante de notre personnel ouvrier.

Un premier groupe est à considérer; ce sont: *a*) les ouvriers qui servent les machines-outils (dont l'allure ne peut être modifiée); *b*) ceux dont les travaux sont intermittents, par exemple la grande majorité des forgerons; leur action est incapable de réduire le temps nécessaire, par exemple, pour chauffer une pièce à un degré déterminé: *c*) le personnel qui conduit les machines motrices, chaudières diverses, etc.; le rendement du travail est strictement proportionnel au temps.

Pour toutes les catégories de personnel signalées ci-dessus, pour quelques autres encore, moins importantes, la réduction de rendement de la journée actuelle ne peut certainement être inférieure à 12 p. 100.

Pour le reste du personnel ouvrier, celui qui travaille surtout de ses mains....., la question se présente un peu différemment.

Dans les premières semaines qui ont suivi la mise à exécution de la journée de huit heures, j'ai cru observer personnellement à Brest, j'ai entendu dire qu'on a également observé à Cherbourg, peut-être à un degré moindre,

---

(1) Dans son rapport au Sénat sur le budget de la Marine (budget de 1905), page 65, M. Cuvinot a reproduit une partie de la déposition faite par le préfet maritime de Cherbourg devant la Commission extraparlementaire au sujet des conséquences de la journée de huit heures, comparée à l'ancienne journée de neuf heures trente-cinq. Voici comment s'exprimait l'amiral:

« Nous faisons ainsi des journées de sept heures trois quarts.....

« Les machines-outils n'ont pas modifié leur production horaire: leur production journalière est donc dans le rapport de sept heures trois quarts à neuf heures un quart. Les bons ouvriers, ceux qui travaillent de bon cœur, produisent plus que ce rapport, parce que, la fatigue étant moindre dans une journée plus courte, ils soutiennent une allure de travail plus rapide. Ceux qui travaillaient doucement continuent à travailler doucement; pour eux, la production est dans le rapport des deux journées. En somme, si l'on avait espéré que les ouvriers, étant moins chargés, rattraperaient cela par leur bonne volonté et leur entrain au travail, on s'est trompé; il ne faut appliquer cela qu'à une minorité..... »

2

un effort réel d'une minorité de notre personnel pour compenser par un surcroît de zèle et d'activité la réduction de la durée du travail.

Cet effort ne paraît pas avoir été bien durable. Le journée de huit heures
a passé bientôt, aux yeux de tous, à l'état de fait accompli, de droit acquis,
au sujet duquel il n'y avait plus lieu de se mettre martel en tête, dont il ne
restait qu'à profiter tout naturellement sans aucune préoccupation particu-
lière.

A l'heure actuelle, et depuis longtemps déjà, nous pouvons, dans l'appréciation des résultats du régime nouveau, faire abstraction complète du sentiment passager que nous venons de signaler.

Est-ce à dire que, pour la fraction du personnel dont je m'occupe en ce
moment, le rendement de l'heure effective de travail est resté absolument le
même que jadis? Je crois en fait qu'un léger bénéfice a été réalisé, et je vais
en donner la raison.

Autrefois les journées d'été paraissaient réellement longues à nos ouvriers,
et ce motif conduisait à un ralentissement sensible du travail vers la fin de
l'après-midi. Ce ralentissement était à peu près toléré par une sorte de con-
sentement tacite et unanime.....

La cause de ce ralentissement a disparu, et ce ralentissement lui-même a
disparu en même temps, ou est devenu beaucoup moins marqué. On doit
donc admettre que le rendement moyen de l'heure, pour la partie de notre
personnel dont l'activité peut influer sur la somme totale de travail, a profité
d'une légère augmentation. Cette augmentation du rendement *de l'heure* n'est
d'ailleurs pas suffisante pour compenser la réduction de la durée de *la journée,*
et le rendement de celle-ci reste en diminution.

De la discussion précédente je crois pouvoir conclure que le rendement
utile de la journée de travail a certainement diminué; que, pour l'ensemble
de notre personnel ouvrier, la valeur la plus probable de cette diminution
est 10 p. 100, et qu'elle serait plutôt supérieure qu'inférieure à ce chiffre
de 10 p. 100.

L'auteur de la note aurait « voulu pouvoir confirmer cette appréciation par des
chiffres précis » pour un grand nombre de travaux effectués dans des conditions
scrupuleusement identiques avant et depuis l'établissement de la journée de huit
heures; mais il a rencontré à cet égard les plus grandes difficultés, difficultés,
d'abord, dans l'infinie variété des travaux effectués par le service des constructions
navales.....

D'autre part, l'adoption de la journée de huit heures n'a pas été la seule
mesure qui ait profondément modifié dans ces derniers temps le fonctionnement de nos arsenaux. Elle a coïncidé, ou peu s'en faut, avec la suppression
complète du travail à la tâche, qui avait pris, avant 1903, un très grand
développement. Il ne serait pas exact, il ne serait pas équitable de vouloir
comparer les résultats de l'ancienne et de la nouvelle journée en se basant,
d'une part, sur des chiffres de travail à la tâche, d'autre part, sur des chiffres
de travail à la journée. Précisément, la très grande majorité des travaux
courants, susceptibles de se reproduire aujourd'hui dans des conditions plus

ou moins analogues, était, avant 1903, sous le régime du travail à la tâche.

La coïncidence de ces deux grands changements : adoption de la journée de huit heures, suppression du travail à la tâche, est peut-être l'obstacle le plus insurmontable à une constatation rigoureuse des résultats de la nouvelle journée.

Le directeur du génie maritime « s'aventure » cependant à donner quelques chiffres, mais il les considère comme « visiblement trop isolés, trop peu concordants entre eux pour qu'il y ait lieu de leur attribuer une grande portée ».

Au sujet de la rapidité d'exécution et du prix de revient des constructions neuves il écrit :

Deux causes distinctes ont agi en sens inverse de la réduction de la journée et compensé ou annulé ses effets : perfectionnement de l'outillage et des procédés de travail, accumulation d'un plus grand nombre d'ouvriers sur chacune des constructions neuves en cours. La première cause a certainement agi sur le prix de revient dans le même sens que sur la durée des constructions, c'est-à-dire qu'elle a dû diminuer le prix de revient. La seconde cause, au contraire, n'a pu avoir d'influence sensible sur la dépense en argent.... Pour ces divers motifs, il y a lieu d'admettre que le prix de revient des constructions neuves a subi depuis deux ans, pour la fraction de ce prix qui correspond à la main d'œuvre, une plus-value sensible. Je ne me hasarderai pas à donner un chiffre précis pour cette plus-value.

BREST.

NOTE DU 24 NOVEMBRE 1904.

Cette note fait ressortir avec d'assez longs détails les difficultés d'une comparaison entre le régime antérieur et le régime postérieur à la circulaire du 7 janvier 1903. De nouveaux procédés d'usinage et de mise en œuvre des matériaux atténuent, du reste, au point de vue de la rapidité des constructions, les effets de la réduction de la journée de travail.

ROCHEFORT.

NOTE DU 24 DÉCEMBRE 1904.

D'après l'auteur de cette note, une comparaison des deux régimes de travail n'est possible à Rochefort que pour la construction de certains contre-torpilleurs. Il donne à son étude la conclusion suivante :

L'adoption de la journée de huit heures a eu, sur les contre-torpilleurs en construction au port de Rochefort, les conséquences suivantes :

1° Une augmentation de la durée de la construction qu'on peut évaluer à 1.4 p. 100 ;

2° Une augmentation des frais de construction qu'on peut évaluer à 7.5 p. 100, étant entendu qu'on a fait entrer dans cette évaluation le prix approximatif de la journée moyenne aux deux époques choisies pour la comparaison ;

3° Enfin, une augmentation de l'activité au travail des ouvriers, qu'on peut chiffrer par 14 p. 100 environ (1).

TOULON.

NOTE DU 5 DÉCEMBRE 1904.

. . . . . En ne retenant que les chiffres relatifs aux travaux de réparation qui présentent le plus de régularité, on voit que le nouveau régime a occasionné un supplément de dépense de 24 p. 100 comme dépenses directes, et de 33 p. 100 en comprenant les dépenses indivises. . . . .

Cette diminution considérable de rendement n'a rien qui doive surprendre, bien que le Ministre, quand il a pris cette mesure bienveillante à l'égard des ouvriers, ait compté que leur reconnaissance se traduirait par un redoublement d'activité. Le surcroît de production qu'il espérait voir se réaliser ne s'est pas manifesté, et cela pour plusieurs raisons : d'abord la suppression du travail à la tâche qui a coïncidé avec l'inauguration de la journée de huit heures; mais l'influence de cette suppression ne peut être que minime, car, depuis plusieurs années, il y avait un ralentissement progressif et considérable dans l'emploi du travail à la tâche qui, en 1902, se réduisait à presque rien : c'était toutefois un stimulant pour les quelques ouvriers qui en profitaient. Actuellement il n'existe plus de stimulant pour la grande majorité du personnel ouvrier, dont l'avancement et les soldes tendent de plus en plus à s'uniformiser, l'ancienneté prenant le pas sur le choix; d'autre part, il n'est pas douteux que l'activité des surveillants est loin d'être ce qu'elle était autrefois et qu'actuellement elle est insuffisante pour exciter l'activité du personnel. Pour tous ces motifs, il n'est donc pas étonnant que la production se soit trouvée réduite dans une proportion très sensiblement supérieure à celle de la durée du travail.

Les conséquences de cet état de choses sont faciles à tirer :

1° Avec un budget salaires qui, pour les constructions navales de Toulon, s'élève à 6 millions, un tiers constitue une perte réelle ;

---

(1) On trouve dans le rapport de M. Cuvinot sur le budget de la Marine (budget de 1905), p. 71, la note suivante émanant d'un ingénieur en chef du génie maritime de Rochefort, datée du 21 novembre 1904 :

« Il ne paraît pas douteux que la journée de huit heures soit une excellente mesure, car huit heures de travail effectif bien employées épuisent dans une mesure convenable l'énergie moyenne de travail d'un homme.

« Mais, pour que ces huit heures soient bien employées, il faut deux conditions, dont l'indispensabilité est évidente.

« 1° Il faut que le travail attende l'ouvrier, et non l'ouvrier le travail, le programme des travaux sur la planche, comme on dit, devant être toujours suffisant;

« 2° Il faut que les surveillants soient armés de toute l'autorité qui leur est nécessaire pour obtenir des ouvriers qu'ils surveillent une activité suffisante et continue. »

2° Avec un effectif donné, la production a été réduite dans le même rapport. Il est à craindre qu'au port de Toulon, le personnel actuel, déjà très inférieur à celui de l'année dernière, ne devienne insuffisant pour effectuer les travaux de réparation, dont l'importance ne semble pas devoir diminuer.....;

3° Bien que la production ait diminué, une partie des frais généraux est restée constante, d'où nouvelle perte sur le rendement.

En résumé, l'établissement de la journée de huit heures a notablement avantagé la situation du personnel ouvrier, mais a entraîné une perte sérieuse pour l'État.

NOTE DE M. L'INGÉNIEUR EN CHEF LAUBEUF (DÉCEMBRE 1904).

......La journée de huit heures ne donne pas huit heures de travail effectif aux constructions neuves, mais sept heures dix minutes environ pour les travaux faits au Mourillon ou au poste d'achèvement à flot. L'ancienne journée de neuf heures et demie donnait huit heures et demie en moyenne. La perte dans la production de l'outillage (outillage qui n'est pas différent sensiblement de ce qu'il était avant) se trouve être naturellement de

$$\frac{8.5 - 7.16}{7.16} = 19 \text{ p. 100 environ.}$$

En réalité, elle est plus forte encore par suite de la suppression du travail à la tâche.

La perte dans les travaux manuels est également très élevée. Au début de l'application de la journée de huit heures, elle était beaucoup plus faible, et nous avons, un moment, espéré que, loyalement appliquée, la journée de huit heures donnerait de bons résultats. Mais la perte a été constamment en augmentant.

M. l'Ingénieur en chef Laubeuf cite un certain nombre de cas à l'appui de cette opinion. Il conclut :

Les quelques exemples et les retards dans l'achèvement du *Dupetit-Thouars* montrent d'une manière frappante les pertes considérables en argent et en durée de construction qui résultent pour la Marine de l'adoption de la journée de huit heures et de la suppression du travail à la tâche.

Il est, en effet, difficile de séparer l'un de l'autre les effets de ces deux mesures.

ÉTABLISSEMENT D'INDRET.
NOTE DU 24 NOVEMBRE 1904.

A Indret, la journée de travail effectif de huit heures a été appliquée dès le 15 janvier 1903. Les conditions générales dans lesquelles se trouve l'établissement sont telles qu'il s'y produit peu de pertes de temps; dès lors.....

.....la quantité de travail fournie dans la plupart des ateliers est, pour une large part, fonction du régime des machines-outils et, par suite, à peu près proportionnelle à la durée de marche de ces machines, dont on s'efforce d'accélérer le fonctionnement dans les limites compatibles avec une bonne exécution.

La note insiste sur les difficultés d'établir des comparaisons permettant de préciser les effets de la journée de huit heures; et elle se termine par ces lignes :

On peut de ces exemples (exemples signalés au directeur), peu nombreux d'ailleurs, arguer que le travail horaire a été peu modifié, comme il était naturel de le prévoir par les considérations d'ordre général présentées au début de cette note. La production individuelle horaire n'a pas dû sensiblement varier avec la mise en vigueur du régime actuel; en ce qui concerne Indret, on peut la considérer comme convenablement satisfaisante, en raison de la bonne volonté et de l'aptitude professionnelle du personnel des divers ateliers, dans lesquels règnent les bonnes traditions qui ont fait la réputation de l'établissement.

FORGES DE LA CHAUSSADE.

NOTE DE L'INGÉNIEUR EN CHEF, DIRECTEUR PAR INTÉRIM.

Les conclusions produites dans cette note sont les suivantes :

1° Le rendement de l'établissement, calculé d'après la valeur des produits confectionnés, a été sensiblement le même en 1902 et en 1903; mais il n'a pas été possible d'en déduire des conclusions sur l'influence de l'adoption de la journée de huit heures, à cause des variations dans la nature des travaux exécutés;

2° La rapidité d'exécution ne paraît pas avoir diminué de plus de 6 à 7 p. 100 sur l'ensemble des travaux de l'établissement, malgré la réduction de 16 p. 100 sur la durée de la journée;

3° Le prix de revient des constructions neuves ne paraît pas avoir augmenté de plus de 2.5 p. 100 environ à la suite de l'adoption de la journée de huit heures; ce chiffre se réduit à 1.75 p. 100 environ si l'on tient compte de tous les frais généraux non compris aux dépenses indivises.

Ainsi que nous l'avons expliqué dans le corps de la note, il n'est pas possible d'attacher une signification rigoureuse aux chiffres que nous donnons, ces chiffres se trouvant influencés par d'autres facteurs que la réduction de la journée de travail. Ils permettent néanmoins de se faire une idée suffisamment approchée de l'influence de la journée de huit heures pour conclure que les résultats obtenus à Guérigny sont aussi satisfaisants qu'il était permis de l'espérer en raison de la nature des travaux que nous avons à exécuter.

ANNEXE II.

SYNDICAT DES TRAVAILLEURS RÉUNIS DU PORT DE CHERBOURG.

Il nous est (déclare ce Syndicat) fort difficile, en l'état actuel des travaux, d'indiquer les résultats pratiques de la journée de huit heures en ce qui concerne le rendement; les éléments d'appréciation font presque complètement défaut.

Si l'on considère que, depuis que la journée de huit heures est appliquée, l'état des travaux n'a pas permis au personnel de l'arsenal de donner son maximum d'efforts, il eût fallu, pour pouvoir comparer, avoir en construction des unités semblables à celles construites avec la journée de neuf heures quarante-cinq, et nous mettons quiconque au défi de fournir les éléments d'appréciation nécessaires pour juger dans un sens ou dans l'autre, si l'on tient compte du ralentissement forcé causé par la pénurie des travaux.

Cependant, dans les cas où nous avons pu nous procurer des renseignements, ceux-ci sont favorables à la journée de huit heures. Nous citons ci-dessous quelques exemples empruntés à divers ateliers.

Ces exemples sont relatifs aux membrures de certains sous-marins, à la fabrication des opercules, aux confections de la petite chaudronnerie, etc. Le Syndicat revient sur cette idée que « le manque de travaux a surtout influé sur le rendement de la journée ». Il indique, en terminant, les avantages d'ordre physique, moral et intellectuel qui ont résulté de l'établissement de la journée de huit heures.

SYNDICAT DES TRAVAILLEURS RÉUNIS DU PORT DE BREST.

Le Syndicat s'inscrit en faux contre l'allégation que, depuis la suppression du travail à la tâche et l'application de la journée de huit heures, la production aurait considérablement diminué et le prix de revient, par là même, considérablement augmenté. On a beaucoup parlé, remarque-t-il, de la réparation des burins :

Au moment du travail à la tâche, l'ouvrier, dont le salaire était si médiocre, n'avait qu'un but : essayer, par une surproduction mal façonnée, d'augmenter ce modique salaire. Il produisait sans se soucier si le travail qu'il avait confectionné était en état de rendre les services réels du moment..... Un ouvrier ajusteur ou burineur était obligé de consommer jusqu'à 12 burins dans la même journée. Maintenant, avec la bonne façon du travail, la consommation en burins de chaque ouvrier cité ci-dessus n'est que de 3 ou 4 au maximum.

Le Syndicat fournit, d'autre part, des chiffres pour montrer que la construction des poulies et des avirons a donné lieu à une « production supérieure depuis la mise en pratique de la journée de huit heures. »

SYNDICAT DES TRAVAILLEURS RÉUNIS DE LA FONDERIE DE RUELLE.

Le Syndicat discute le prix de revient pour un certain nombre de travaux effectués à la fonderie de Ruelle, et en premier lieu le prix pour l'usinage des canons :

D'après les chiffres relevés pour l'usinage des canons, il résulte que le rendement est supérieur de 27 p. 100 comparativement aux chiffres relevés en 1901 et 1902. Toutefois, pour être justes, nous devons reconnaître que, dans cette augmentation de rendement, le perfectionnement de l'outillage doit être compté dans une certaine mesure; mais il n'en existe pas moins que les ouvriers qui effectuent ce travail dépensent une activité plus grande égale à 27 p. 100. De là découle fatalement une diminution d'heures de travail, car, vers la fin de longues journées, la fatigue diminue l'activité de l'ouvrier.

Après d'autres exemples portant sur des cas précis, le Syndicat fait cette remarque générale :

Le facteur le plus important pour réaliser un prix de revient convenable des travaux confiés aux arsenaux tient à une cause juste : c'est qu'il soit donné tout le travail nécessaire pour alimenter l'activité du personnel producteur; et s'il est vrai qu'en général le travail coûte plus cher à la Marine qu'à l'industrie, cela ne tient pas uniquement au manque d'activité des ouvriers, mais aussi, et dans une large mesure, au défaut d'organisation.

SYNDICAT DES TRAVAILLEURS RÉUNIS DE L'ÉTABLISSEMENT DE GUÉRIGNY.

Le Syndicat se déclare incapable d'établir une comparaison entre la production de l'établissement en 1904 et la production antérieure ; la raison en est dans « la pénurie de travail qu'a subie l'établissement. » Cette situation fut signalée au Ministre de la marine qui, le 8 mars 1904, adressa à ce sujet une circulaire aux ports et établissements :

« L'établissement de Guérigny, y lisait-on, me fait connaître que les commandes en cours suffisent à peine pour occuper son personnel et me signale qu'il y aurait intérêt à inviter les arsenaux à réserver aux forges de la Chaussade toutes les commandes que celles-ci peuvent exécuter. »

Le 28 juillet, une circulaire ministérielle faisait confier une fourniture à l'établissement de Guérigny, « dont il est nécessaire d'alimenter l'activité. »

ANNEXE III.

BREST.

NOTE DU 21 NOVEMBRE 1904.

Dans ce service, la durée de la journée de travail était de neuf heures trente-cinq avant la circulaire du 7 janvier 1903 ; avec l'application de la journée de huit heures, la réduction a donc été d'un sixième.

Il était rationnel, *a priori*, écrit le chef du service au port de Brest, d'admettre en principe que cette mesure dût avoir pour conséquence une diminution de rendement utile et une augmentation du prix de revient des fabrications et du coût des autres travaux, proportionnelles à la réduction de la journée de travail.

Dans le courant des deux années qui se sont écoulées depuis l'application de la mesure précitée, il nous a été possible de constater qu'en réalité, dans la pratique, il n'en a pas toujours été tout à fait ainsi, notamment en ce qui concerne les confections faites dans les ateliers où, depuis deux ans, de notables modifications et améliorations de l'outillage ont permis de réaliser, au point de vue industriel et économique, des résultats très satisfaisants, tels que : augmentation du rendement utile et diminution du prix de revient.

D'une façon générale, il résulte de nos constatations, qu'en ce qui concerne le rendement utile, là où l'outil et le mode de travail sont sous l'entière dépendance de l'ouvrier de spécialité ou de l'ouvrier manœuvre, le bon vouloir, l'activité, l'énergie, l'habileté professionnelle de ces derniers, méthodiquement entraînés et dirigés, pouvaient être, sous le stimulant de l'émulation et de l'amour-propre, des éléments de nature, sinon à compenser entièrement la diminution de production résultant de la moindre durée du travail, du moins à l'atténuer dans une certaine proportion.

Il n'en pouvait être de même, et les résultats acquis le démontrent, dans les travaux où l'effet utile et l'importance de la production sont subordonnés au débit des machines-outils, au tempérament des appareils, tels les fours, les meules de moulin, etc., quels que soient l'activité, le bon vouloir et l'habileté professionnelle des ouvriers.

Quant au prix de revient des fabrications ou au coût des travaux divers de réparations, modifications, mouvements et transports de matières ou denrées, il est incontestable que la réduction de la journée de travail a eu pour effet de les majorer sensiblement, surtout en ce qui concerne les dépenses en main-d'œuvre afférentes à ces divers travaux : pour quelques-uns d'entre eux, cette majoration a été inversement proportionnelle à la quotité de la réduction de la journée de travail, dont le taux est égal à 17 p. 100 et s'élève à 20 p. 100, sans qu'il ait été possible de l'atténuer ; pour certains autres prix, grâce à certaines mesures telles que : diminution du nombre d'ouvriers dans l'exécution de certains travaux sans aller jusqu'à imposer à ces agents une tâche excessive, cette majoration a été quelque peu inférieure à ce taux p. 100.

Avant d'entrer dans la comparaison détaillée, pour certaines parties du service, du prix de revient et de rendement utile obtenus avec la journée de neuf heures trente-cinq et avec celle de huit heures, l'auteur de la note fait la remarque suivante :

Si, dans les tableaux qui vont suivre, on constate, pour les années 1903 et 1904, durant lesquelles la journée de huit heures a été appliquée, que certains prix de revient sont inférieurs à ceux de la même catégorie de l'année 1902, durant laquelle la durée de la journée était de neuf heures trente-cinq, on doit attribuer ce résultat, d'apparence paradoxale, à ce que, pendant les années 1903 et 1904, il a été apporté dans l'organisation des ateliers, en tant que répartition de la main-d'œuvre, et à leur outillage de nombreuses améliorations et modifications qui ont permis d'obtenir, le nombre d'ouvriers affectés à chaque espèce de travaux restant le même, une plus grande production journalière, une plus rapide exécution, ce qui a eu pour conséquence logique d'augmenter le rendement utile de ces ateliers et de diminuer proportionnellement le prix de revient des fabrications ou réparations (1) . . . . .
En résumé (conclut la note) il est notoire et certain que l'application de la journée de huit heures au service des subsistances du port de Brest a eu pour inévitable conséquence de majorer d'environ 10 à 15 p. 100 les prix de revient des travaux qui s'y exécutent et de diminuer en moyenne le rendement utile d'au moins 15 p. 100 par rapport aux années où la durée de la journée était uniformément de neuf heures trente-cinq en toutes saisons.

TOULON.

NOTE DU 25 NOVEMBRE 1904.

. . . . . Pour résumer ce qui précède, aux subsistances, depuis l'application de la journée de huit heures, et tant qu'il s'agit du travail manuel proprement dit, les ouvriers ont fourni un rendement équivalent à celui qu'ils donnaient autrefois en neuf heures trente-cinq ; mais ce rendement a été diminué de près d'un cinquième pour les hommes dont le travail est intimement lié au fonctionnement d'appareils mécaniques dont la production est en raison directe de la durée de la marche (meules à blé, élévateurs et transporteurs mécaniques). D'autre part, si le rendement des boulangers n'a pas été diminué, il est certain que, sans la réduction de la journée de travail, ce rendement, grâce aux améliorations introduites à la boulangerie, eût pu facilement être augmenté d'un quart, c'est-à-dire porté de quatre à cinq fournées par jour.

---

(1) Dans une courte note relative au port de Lorient, le commissaire en chef qui l'a rédigée indique des résultats analogues pour les mouvements généraux et la tonnellerie.

ANNEXE IV.

RAPPORTS DES DIRECTEURS DE L'ARTILLERIE NAVALE.

LORIENT.

I. — EXTRAIT DU RAPPORT SOMMAIRE DU COLONEL DIRECTEUR DE L'ARTILLERIE NAVALE
SUR L'ESSAI DE LA JOURNÉE DE HUIT HEURES (3 DÉCEMBRE 1904) (1).

Pendant le délai très court accordé à la direction d'artillerie pour préparer l'application du régime nouveau (2), le directeur s'est préoccupé de réaliser certaines améliorations dans l'organisation du travail et le fonctionnement des machines-outils, en vue surtout d'atténuer le résultat à prévoir de la diminution sensible de la durée du travail (une heure trente-trois), alors surtout que, la fin de l'année étant proche, il importait de ne pas laisser certains travaux inachevés.

En outre, pendant cette même période de préparation, il a été ouvert, dans chaque atelier concourant à l'essai, des carnets d'attachement, en vue de permettre de se rendre un compte aussi exact que possible du rendement.....

A la fin du mois de novembre 1902, des rapports ont été établis sur les résultats de la journée de huit heures. Ces rapports ont été complétés en février 1903, alors que la journée de huit heures était mise en vigueur dans les établissements de la Marine.

De l'examen de ces rapports et des carnets d'attachement tenus dans chaque atelier, il ressort que le rendement-heure a été généralement en augmentation par rapport à celui obtenu pendant la journée ancienne, mais que cette augmentation ne suffit pas à compenser la diminution des heures de travail résultant de la réduction de la durée de la journée moyenne, ramenée de neuf heures trente-trois à huit heures.

Les gains opérés dans l'organisation du travail, grâce à l'activité plus grande des ouvriers, etc., sur le régime ancien sont évalués par le directeur à quarante-cinq minutes; comme la différence entre l'ancienne et la nouvelle journée est d'une heure

---

(1) On trouvera plus bas les conclusions d'un rapport, portant également la date du 3 décembre 1904, émanant du même officier supérieur, et relatif, non plus à l'essai de la journée de huit heures, mais à son application. A ce sujet, M. Chaumet a remarqué dans la séance du 15 mars 1905 de la Commission extraparlementaire de la marine (p. 21) : « Lorsque « nous sommes passés à Lorient, nous avons vu le directeur de l'artillerie dans l'atelier « duquel s'était faite l'expérience : il n'a pas formulé d'avis. Le rapport n'a été fait qu'après « qu'on eût étendu la journée de huit heures à tous les arsenaux. »

(2) L'arrêté ministériel prescrivant l'essai de la journée de huit heures dans ce service est du 21 octobre 1902; l'essai a commencé le 2 novembre suivant.

trente-trois, la perte de temps résultant de la journée de huit heures se chiffre, en définitive, par quarante-huit minutes par ouvrier et par jour, soit environ 1/12ᵉ, ou 8,3 p. 100. La note se termine par cette appréciation :

S'il nous semble prouvé qu'il résulte une perte sèche dans la production, du fait de la journée de huit heures, nous sommes également convaincu qu'une amélioration incessante de l'outillage et des procédés de travail arrivera sûrement à compenser cette perte *dans une certaine mesure.*

II. — RAPPORT SUR LA JOURNÉE DE HUIT HEURES (3 DÉCEMBRE 1904).

..... En résumé, il résulte :

1° Qu'une diminution dans le rendement journalier est notoire depuis la mise en vigueur de la journée de huit heures ;

2° Que cette diminution de rendement est, dans l'ensemble, très sensiblement proportionnelle à la différence de la durée du travail effectif entre la journée de neuf heures trente-trois et celle de huit heures, c'est-à-dire soixante-dix-huit minutes, soit 13.6 p. 100 pour tous les ateliers autres que celui des artifices où, comme il a été dit plus haut, ce chiffre doit être ramené à 7.2 p. 100 ;

3° Que la rapidité d'exécution est elle-même diminuée d'autant, alors que le prix de revient est majoré dans la même proportion ;

4° Une atténuation à cette perte sèche se trouvera dans la mesure qui intéressera l'ouvrier à la production, mesure qui améliorera, en même temps, la condition de ce dernier.

ROCHEFORT.

NOTE DU 24 NOVEMBRE 1904.

Après une étude détaillée des effets comparatifs de la journée de huit heures et de celle de neuf heures trente-cinq dans chaque atelier et pour chaque catégorie de travaux, le directeur présente les conclusions suivantes :

1° En ce qui concerne les travaux pour lesquels l'outillage est resté le même, l'application de la journée de huit heures n'a pas fait baisser sensiblement la rapidité d'exécution : si, pour certaines confections, le prix de revient est légèrement supérieur à l'ancien, cela provient surtout de l'augmentation de la moyenne des salaires pendant ces deux dernières années et un peu aussi de l'emploi des mains-d'œuvre civile et militaire dans des proportions inégales.

Les résultats ci-dessus tiennent à deux causes : la première, c'est que l'ouvrier, travaillant moins longtemps, fatigue moins et, par suite, s'applique et travaille mieux ; la seconde, c'est que la surveillance est plus active, et son personnel plus compétent et plus nombreux ;

2° Quant aux travaux pour lesquels l'outillage a été amélioré ou augmenté, la rapidité d'exécution a été elle-même considérablement augmentée, et le prix de revient diminué dans les mêmes proportions, la diminution des heures de travail ayant été plus que largement compensée par la plus grande production de la main-d'œuvre;

3° Pour toutes ces raisons, le rendement utile, en général, de la direction d'artillerie navale est devenu supérieur à celui qu'elle avait obtenu avant l'application de la journée de huit heures.

ÉTABLISSEMENT DE RUELLE.
RAPPORT DU 12 DÉCEMBRE 1904.

Le colonel-directeur examine en détail dans ce rapport trois genres de travaux qui se prêtent le mieux à la comparaison entre la journée de huit heures et celle de neuf heures trente-cinq, et où les données exactes sur la production sont les plus certaines et les plus faciles à recueillir.

De l'exposé qui précède, écrit-il en terminant, on peut tirer les conclusions suivantes :

I. — Toutes choses égales d'ailleurs, la production en huit heures de travail peut être égale à celle qui était réalisée en neuf heures trente-cinq, ou tout au moins en diffère très peu.

Ce qui le montre, c'est que, dans le cas du travail à prix fait, les rendements de la journée de huit heures ont été égaux à l'atelier des mouleries et inférieurs de 4 p. 100 seulement à l'atelier des douilles au rendement de la journée de neuf heures trente-cinq minutes.

Le travail à prix fait, quand il est possible, est donc un moyen sûr, et souvent le seul moyen, de conserver la production en réduisant la durée de la journée.

II. — On peut arriver, par des modifications convenables à l'outillage dans les ateliers mécaniques, à obtenir en huit heures une production de beaucoup supérieure à celle que l'on obtenait antérieurement en neuf heures trente-cinq. Cette augmentation, quand les installations en cours seront terminées, pourra atteindre 60 p. 100 environ.

Ces améliorations sont en cours à la fonderie, et le résultat atteint à l'heure actuelle, grâce à la bonne volonté du personnel, fait ressortir pour l'ensemble de l'atelier des foreries, une augmentation de rendement qui peut être évaluée à 10 p. 100 par rapport au rendement de la journée de neuf heures trente-cinq.

III. — Cette augmentation de rendement n'est obtenue qu'en demandant à l'ouvrier une attention et une dépense de force beaucoup plus grandes, qu'il ne soutiendrait probablement pas au delà de huit heures.

Dans les ateliers où ces améliorations d'outillage peuvent être réalisées, il y a donc intérêt à réduire la journée à huit heures, puisque cette durée de travail suffit à obtenir un très bon rendement.

IV. — En dehors des conditions qui précèdent, et quand la production ne dépend que de l'activité de l'ouvrier, il semble que la production de la journée, dans les limites où l'essai a été fait, est proportionnelle à sa durée.

V. — Même dans ce dernier cas, qui est le plus défavorable, on arriverait sans doute à accroître le rendement de la journée de huit heures en s'efforçant d'élever le niveau moral des ouvriers, en améliorant leur situation par une augmentation suffisante des salaires et en donnant à la surveillance une autorité plus effective.

B. — Commission extraparlementaire de la Marine.

(Séance du mercredi 15 mars 1905) [1].

Les résultats pratiques de l'application de la journée de huit heures dans les arsenaux ont été examinés par la Commission extraparlementaire de la Marine, dans la seconde partie de la séance du 15 mars 1905, à l'occasion de la discussion sur la réorganisation administrative des arsenaux. Les membres de la Commission venaient de recevoir les rapports des chefs de services dont des extraits ont été donnés ci-dessus, et M. Cuvinot fut invité à donner à la Commission connaissance du **rapport** qu'il avait préparé sur cette question pour la Commission des finances du Sénat. Il se borna à faire lecture des conclusions de ce rapport; voici la partie de ces conclusions qui concerne plus spécialement la journée de huit heures et les questions qui s'y rattachent de plus près :

« . . . . . Vous pouvez juger, par l'ensemble des extraits que nous avons mis sous vos yeux, de l'état des esprits.

« Les ouvriers ont été amenés à se préoccuper exclusivement de la limitation de la durée du travail et de l'effort individuel au lieu de rechercher l'amélioration des salaires dans cet effort même et dans le développement des moyens de production.

« En même temps se manifestait chez les plus agissants d'entre eux la volonté d'échapper à toute discipline, de se soustraire à toute autorité directrice, comme s'il était possible de maintenir une organisation régulière en dehors du respect de la hiérarchie. . . . .

« J'ai fourni, dans le cours de mon rapport, le calcul des dépenses supplémentaires qu'a occasionnées le nouveau mode de réglementation. Ces chiffres sont assez édifiants.

« Les renseignements qui précèdent montrent l'influence qu'a eue sur la production la réglementation du travail établie par les décisions des 15 janvier 1903, 22 août 1903 et 10 juillet 1903.

« La diminution du rendement, variable suivant les ports, atteint pour Brest et Toulon une importance tout à fait exceptionnelle.

« On peut l'attribuer, soit à une réduction plus marquée de la durée du travail, soit à l'inertie d'un certain nombre de travailleurs, soit encore à l'affaiblissement de la discipline. Le défaut de prévoyance de l'administration centrale, les retards apportés à la passation des marchés et aux commandes y ont contribué aussi dans une large mesure.

---

(1) J. 8367, épreuve, 15 mars 1905.

« Les chiffres que nous avons cités présentent entre eux des écarts considérables.

« Nous avons pensé que les chiffres des comptes pourraient nous fournir des éléments de comparaisons plus précis.

« En relevant, dans les comptes de 1902, 1903 et 1904, les dépenses réelles des salaires et des matières (matières premières et objets confectionnés), pour les six chapitres des constructions navales, on obtient les résultats suivants :

$$1902\ldots\left\{\begin{array}{l}\text{Salaires}\ldots\ldots\ldots\ldots\ldots\ldots\\\text{Matières}\ldots\ldots\ldots\ldots\ldots\ldots\end{array}\right.\quad\frac{22{,}827{,}582^{f}}{56{,}999{,}158^{f}}=0.400$$

$$1903\ldots\left\{\begin{array}{l}\text{Salaires}\ldots\ldots\ldots\ldots\ldots\ldots\\\text{Matières}\ldots\ldots\ldots\ldots\ldots\ldots\end{array}\right.\quad\frac{23{,}655{,}883^{f}}{49{,}379{,}847^{f}}=0.479$$

$$1904\ldots\left\{\begin{array}{l}\text{Salaires}\ldots\ldots\ldots\ldots\ldots\ldots\\\text{Matières}\ldots\ldots\ldots\ldots\ldots\ldots\end{array}\right.\quad\frac{23{,}246{,}851^{f}}{32{,}838{,}358^{f}}=0.708$$

« Les trois quotients mettent en évidence la progression relative des dépenses salaires; ils sont entre eux comme les chiffres 1, 1,20 et 1,77.

« Corrections faites pour tenir compte du relèvement des salaires dans la période considérée, les coefficients qui précèdent deviennent 1 :

$$\frac{1.20}{1.04}=1.15;\ \frac{1.77}{1.08}=1.64.$$

« Nous devons en conclure que, de 1902 à 1903, l'effet utile de la main-d'œuvre a diminué de 15 p. 100.

« La variation de 1903 à 1904 est tellement anormale que nous n'osons tirer du chiffre 1.64 une conclusion analogue.

« Il nous paraît impossible d'admettre qu'une réduction aussi élevée du rendement puisse être attribuée à la seule réglementation du travail; l'exagération du rapport $\dfrac{\text{salaires}}{\text{matières}}$ en 1904 doit provenir, pour la plus grosse part, du défaut de commandes dans les arsenaux et établissements de la Marine (1). Une partie des ouvriers restaient forcément inoccupés. »

A l'appui de cette conclusion, je dois mettre sous vos yeux des extraits des rapports des syndicats. Les ouvriers eux-mêmes ont déclaré — ils ont eu raison de le faire, ils défendaient la cause de leur activité personnelle — ils ont déclaré que si le rendement n'avait pas été plus considérable, cela tenait à la pénurie du travail.

---

(1) Cette hypothèse trouve sa confirmation dans la demande d'annulation de 19,100.000 francs sur les crédits matières.

« La main-d'œuvre qui aurait été appliquée à l'emploi des matières correspondant à cette somme s'est trouvée partiellement inutilisée ». (Note de M. Cuvinot.)

Ici M. Cuvinot cite des extraits (qu'on a lus plus haut) des notes présentées par les syndicats des ports de Cherbourg, de Brest, etc., sur l'insuffisance du travail à accomplir.

M. Massé. — C'est tout à fait exact, et à trois reprises, les ouvriers ont envoyé des délégations au Ministre pour demander des travaux.

M. Cuvinot. — Ils se défendent du reste avec beaucoup de justesse et de raison.

. . . .

M. Albert Le Moigne. — Je demande la permission de présenter quelques courtes observations sur ce que vient de dire M. Cuvinot au sujet du travail dans les arsenaux.

M. Cuvinot a dit qu'il était urgent de revenir sur les mesures prises au sujet de la journée de huit heures.

M. Cuvinot. — Je n'ai pas dit cela, j'ai même dit absolument le contraire. J'ai dit et souligné que la journée de huit heures devait être appliquée de telle sorte que le travail eût une durée effective de huit heures.

M. Albert Le Moigne. — J'avais alors mal compris. Quoi qu'il en soit, je suis persuadé que la journée de huit heures a été souvent réclamée par les ouvriers, mais les représentants des ports de guerre n'avaient jamais songé à demander l'application immédiate de la journée de huit heures, décidée par l'honorable M. Pelletan. Je l'ai dit avec l'approbation de mes collègues des ports. C'est une chose certaine, nous estimions qu'il fallait relever les salaires des ouvriers, qui étaient beaucoup trop bas, plus bas que ceux des autres établissements de l'État et que ceux de l'industrie privée.

Nous pensions qu'il fallait se préoccuper d'une meilleure utilisation du travail, qu'il fallait doter nos arsenaux d'un meilleur outillage avant d'arriver à la journée de huit heures, qui aurait dû être pour nous un aboutissement nécessaire.

M. Cuvinot. — C'est aussi mon sentiment.

M. Albert Le Moigne. — La journée de huit heures existe dans les ateliers de la marine anglaise, mais nous aurions voulu attendre, pour la réaliser, que l'organisation de nos arsenaux fût perfectionnée.

Il y a deux points qui sont peut-être la cause principale du mauvais rendement de nos arsenaux, plus que la journée de huit heures. C'est d'abord un outillage primitif, rudimentaire très souvent, et puis ensuite l'absence de centralisation et de préoccupation du rendement dans les hautes sphères du Ministère. . . . .

Quoi qu'il en soit, je ne crois pas que l'honorable M. Cuvinot ait été juste quand il a dit que les ouvriers avaient été préoccupés d'en faire le moins possible. S'il a bien lu les rapports — et il les a lus certainement avec soin — il a dû voir que dans la plupart il est dit qu'au premier moment les ouvriers ont manifesté beaucoup d'enthousiasme pour la journée de huit heures et qu'ils ont manifesté [l'intention?] de compenser par l'augmentation du travail la durée du temps.

M. Cuvinot. — Oui.

M. Le Moigne. — Ce n'est que plus tard que leur zèle s'est ralenti et qu'ils ont fini par ne pas donner, avec la journée de huit heures, un travail plus considérable qu'auparavant.

A quoi cela tient-il? Je ne crois pas qu'il faille en accuser les ouvriers. Je crois que si l'on avait su prévoir, si l'on avait bien organisé la surveillance, le travail, les ouvriers auraient continué à travailler dans les excellentes dispositions où ils étaient tout d'abord, et il ne faudrait pas leur faire de reproche d'avoir moins travaillé parce que toutes les causes d'accélération de travail qui existaient auparavant ont été à peu près détruites. On a détruit le système de la tâche, du travail aux pièces qui était très utilement organisé dans beaucoup d'arsenaux, des primes à la capacité qui étaient un moyen de distinguer les bons ouvriers des mauvais. On a tout fait enfin pour que les bons ouvriers n'aient aucun encouragement. Je pourrais même citer un fait sur lequel on pourrait demander une explication au Ministre.....

Cela démontre que les ouvriers n'étaient pas encouragés à travailler beaucoup; par conséquent, il ne faudrait pas les accuser du ralentissement qui a pu se produire; il vient peut-être du défaut d'organisation pour obtenir d'eux un bon travail. Je pourrais citer d'autres faits, mais je ne veux pas perdre le temps de la Commission.

J'estime, avec M. Cuvinot, qu'il faut avant tout trouver le moyen de rendre le travail plus productif — et les ouvriers sont d'accord sur ce point. On peut le faire d'abord en renouvelant l'outillage et en encourageant les bons ouvriers. Mais il y a autre chose à signaler : c'est le manque d'organisation d'en haut. On ne se préoccupe pas assez, au Ministère de la marine, de prévoir toujours l'utilisation du travail. On ne sait peut-être pas assez prévoir; je ne sais pas à quoi cela tient : sans doute à un défaut de centralisation, de coordination des efforts.....

Ma conclusion est celle-ci : il ne faudrait pas rendre les ouvriers responsables du grand ralentissement qui a pu se produire, parce que ce ne sont pas eux qui dirigent, ils sont dirigés; on n'a rien fait pour les encourager et ils ont pu voir qu'il n'y avait peut-être pas d'organisation ni d'intention suffisante de donner au travail dans les arsenaux le meilleur rendement possible.

M. le Président. — Trouvez-vous que le nombre des ouvriers est en rapport avec la quantité de travail que nous pouvons normalement leur donner?

M. Le Moigne. — Je dirai, à ce sujet, que nous avons actuellement des sommes destinées aux constructions neuves qui sont certainement plus considérables que celles qu'on a jamais dépensées; nous sommes obligés, je ne dirai pas pour maintenir notre rang, mais pour ne pas tomber trop bas, comme l'ont exposé M. Charles Bos et le Ministre, de faire des constructions. Par conséquent, nous avons besoin de conserver tout notre outillage. Mais il s'agit de savoir ce qu'on voudra donner à l'industrie et ce qu'on voudra donner aux arsenaux; voilà la question. Si l'on veut donner beaucoup à l'industrie, il y a infiniment trop d'ouvriers dans les arsenaux; mais si l'on veut utiliser les arsenaux, et si, quand on aura un meilleur outillage, on estime qu'il n'est pas plus coûteux de donner du travail aux arsenaux qu'à l'industrie, qu'on réduira d'autant plus les frais généraux de la Marine, qu'on

3

donnera plus de travail à exécuter aux ouvriers, je crois que, dans ce cas, ce ne sont pas les ouvriers qui sont trop nombreux, ce sont les travaux qui ne le sont pas assez. Il vaudrait mieux, à mon sens, que les ateliers de l'industrie, pour lesquels je suis plein de sollicitude, recherchent plutôt les commandes du commerce et de l'étranger et laissent aux arsenaux le soin d'exécuter nos travaux.

M. Gerville-Réache. — Aujourd'hui il faut construire très rapidement pour être à la hauteur de la science, et il faut réaliser les derniers progrès si l'on veut avoir des bateaux ayant quelque valeur. Malgré cette transformation des choses, nous avons conservé notre vieille organisation ; nous avons nos cinq arsenaux, nos trois établissements hors des ports ; puis, comme il y a dans la Chambre des membres de la représentation nationale qui défendent les intérêts de l'industrie, ils ont fait une pression suffisante pour dédoubler la dotation des arsenaux et pour en prendre une grande part pour l'industrie métallurgique. Il s'est trouvé qu'avec une dotation dédoublée nous avons conservé tous nos établissements et nous n'avons pas pu augmenter notre besogne. Qu'avons-nous fait alors? Nous avons conservé nos ouvriers, qui sont des fonctionnaires, que nous ne pouvons pas renvoyer comme nous voulons, d'abord parce que nous sommes dans un état démocratique, ensuite parce que ces ouvriers ont des droits à la retraite et que nous ne pouvons pas les renvoyer à l'industrie ; mais nous les réduisons à la portion congrue, nous leur donnons des salaires insuffisants. J'ai indiqué brièvement à la Chambre quels étaient les salaires dérisoires des ouvriers des arsenaux. Le salaire est inférieur non seulement à celui des autres industries exploitées par l'État, des tabacs, des allumettes, des fabriques de la Guerre, mais encore il est inférieur à ce que touchent les ouvriers de l'industrie et à ce que gagnent les ouvriers similaires dans les marines étrangères. On peut dire que ce sont les ouvriers les plus mal payés du monde entier. J'ai fait cette démonstration avec des chiffres à l'appui. Il est évident qu'il y a là une situation qu'il faut envisager et à laquelle il faudrait porter remède. Il faut prendre un parti : ou bien ramener les travaux de l'industrie dans nos arsenaux pour bien les doter et donner du travail aux ouvriers. On leur fait ce reproche de ne pas produire ; on leur dit que leur travail ne donne pas un rendement suffisant.

Mais la faute n'en n'est pas à eux ; elle est à l'organisation, à nous, pouvoirs publics, qui n'organisons pas mieux nos ateliers et nos arsenaux. Il s'agira de savoir si nous voulons ramener les travaux de l'industrie dans les arsenaux, ou prendre le parti de ramener les chantiers, peut-être même d'en réduire le nombre.

Je reconnais que le problème est très grave, très lourd, très difficile à résoudre ; peut-être faudrait-il l'examiner très nettement et avec un esprit de ferme résolution. Cet esprit nous manque, parce qu'il se passe dans les arsenaux ce qui se passe pour l'aménagement de nos ports de commerce : nous voyons une dotation minime répartie entre un nombre considérable, et les travaux vont avec une lenteur désespérante. La même chose se représente pour les arsenaux. Il y a une dotation qui ne peut pas alimenter tous nos arsenaux, tous nos établissements, tous nos ouvriers. C'est ainsi que la question doit se poser, et je crois que c'est à cela que faisait allusion M. le

Président, quand il demandait à M. Le Moigne s'il croyait que le nombre de nos ouvriers était trop grand.

M. Cuvinot. — Je répondrai.

M. Gerville-Réache. — S'il n'est pas douteux que le nombre des ouvriers est assez considérable à l'heure actuelle, il n'est pas moins certain que les ouvriers de nos arsenaux sont payés d'une façon dérisoire, lamentable. Eh bien, il faudrait en réduire le nombre et mieux les payer. Ce qui a donné lieu à cette discussion, c'est la question du travail à la tâche, la question de la journée de huit heures; et j'entendais à ce sujet notre ami Le Moigne condamner le travail à la tâche avec la sévérité que je ne partage pas . . . . .

M. Le Moigne. — J'ai parlé du travail à la tâche tel qu'il avait été organisé.

M. Gerville-Réache. — J'enregistre cette réserve.

Si la Commission met la question à l'étude, nous ferons valoir nos raisons. La question est mal présentée : la répartition du travail à la tâche a été mal faite; on a toujours donné les mêmes bons travaux aux mêmes équipes et les mauvais à d'autres ouvriers, en sorte que le travail à la tâche ne profite qu'à certains.

Il en résulte une inégalité choquante; de pauvres diables qui ne sont pas payés, qui reçoivent des salaires dérisoires voient à côté d'eux leurs camarades gagner beaucoup plus, et ils protestent parce que l'organisation est défectueuse.

En ce qui concerne la journée de huit heures, j'ai entendu le résumé que M. Cuvinot a bien voulu citer de la communication faite par les groupements ouvriers. Ils sont parfaitement exacts.

Dans l'état de ces deux dernières années, il n'est pas possible qu'on puisse dire avec une certitude d'un caractère scientifique quel a été le résultat de la réduction de la journée de huit heures par rapport au travail produit, pour cette raison qu'en mon âme et conscience il est démontré que si l'on avait réduit la journée à six heures, le résultat n'aurait pas changé.

M. le Président. — Certainement.

M. Gerville-Réache. — On aurait pu l'abaisser sans que le produit du travail ait diminué, tant le nombre des ouvriers est grand, et même en réduisant la journée à huit heures on n'a pas pu donner du travail à toutes nos équipes.

M. Bertin. — . . . . . Il y a une question bien plus difficile, c'est la question de distribution du travail pour avoir toujours les ouvriers occupés. Cette difficulté très grave n'existe que pour l'État et provient uniquement de ce que les ouvriers de l'État n'ont point de chômage. Un arsenal a 5,000 ouvriers, l'État les conserve. Dans un chantier de l'industrie privée, vous gardez les ouvriers selon la besogne que vous avez à faire. . . . .

. . . .

En comparant la valeur de la main-d'œuvre dans nos arsenaux, non pas à la valeur de la main-d'œuvre générale, en prenant l'ensemble du monde, ce qui serait un peu vague, mais en prenant simplement la main-d'œuvre de la région où existe un arsenal, je vois que la paire de bras est payée un chiffre suffisamment élevé, cela fait une main-d'œuvre à 4 fr. 5o. La main-d'œuvre agricole étant payée 2 fr. 5o, vous ne serez pas étonnés de voir que tout le

3.

département où existe un arsenal est inscrit pour entrer dans cet arsenal et que c'est une grande faveur que d'y entrer.

D'un autre côté, vous pouvez constater que les bons ouvriers, ceux qui gagnent de 8 à 10 francs dans l'industrie privée se font rares dans nos arsenaux; bien heureux si vous en rencontrez un par ci par là. C'est généralement un soutien de famille ou un brave garçon qui ne veut pas s'expatrier. Il y a des spécialités qui sont très difficiles à recruter. Dans un arsenal, vous n'avez guère qu'un ou deux chaudronniers en cuivre. Je me rappelle la stupéfaction d'un préfet maritime à qui j'annonçais l'arrivée d'un bâtiment qui avait besoin d'une réparation dans son tuyautage. A l'arsenal, on n'avait qu'un seul ouvrier de cette profession et qui était occupé. Aussi, il y eut du retard........

C. — Réclamations émanant de certains syndicats ouvriers de l'industrie privée.

Depuis l'application, le 15 janvier 1903, de la journée de huit heures dans les arsenaux et établissements de la Marine, les ouvriers de l'industrie privée se plaignent de la concurrence que leur font les ouvriers de l'Etat une fois leur journée de huit heures terminée.

L'Office du travail a reçu directement diverses plaintes, le plus souvent insérées comme « observations » dans les questionnaires sur l'état du travail et le chômage professionnel qu'il adresse chaque mois aux syndicats ouvriers. En voici le détail :

PORT DE LORIENT.

Syndicat des ouvriers cordonniers de la ville de Lorient. (Lettre du 29 décembre 1903.) — La cause principale (du chômage) est le mauvais temps, mais nous avons aussi les ouvriers du port, qui nous font une concurrence acharnée; loin de profiter de la faveur du repos qu'on leur a accordé par la journée de huit heures, ils en font plutôt un abus en travaillant à des prix dérisoires après leur journée; il y en a qui, paraît-il, sont autorisés à travailler à leur compte pendant les heures de la journée qu'ils font comme gardiens de bureau.

Après s'être plaint de la concurrence que font aussi les maîtres-cordonniers de la flotte et les ouvriers militaires aux ouvriers de l'industrie privée, le Syndicat conclut :

Nous protestons contre ces abus; nous avons porté cette protestation à M. le préfet maritime; nous ne savons encore si nous serons écoutés.

L'Office du travail reçut une nouvelle plainte du Syndicat le 27 juillet 1904 :

Le chômage, y était-il déclaré, résulte du machinisme, mais la cause principale est la concurrence faite par les ouvriers de l'arsenal qui, profitant de la faveur de la journée de huit heures accordée aux ouvriers des arsenaux, travaillent chez eux après leur journée; viennent s'ajouter les retraités qui, travaillant aussi, coupent les bras des ouvriers de l'industrie et par conséquent augmentent le nombre des chômeurs.

Au mois de mars 1904, la *Chambre syndicale des ouvriers menuisiers et charpentiers de Lorient* envoyait cette observation : « Le travail serait bien plus abondant si ce n'était le tort considérable qui nous est fait par les retraités de la marine et les ouvriers de l'arsenal en activité. »

PORT DE BREST.

La *Chambre syndicale des ouvriers coiffeurs de Brest* écrivait, le 26 mai 1905, à l'Office du travail :

J'ai aussi oublié de vous dire qu'ici, à Brest, le travail ne marche pas comme il pourrait marcher, parce que plusieurs ouvriers de l'arsenal travaillent et servent les 3/4 des ouvriers dans l'arsenal même. Maintenant, quand leur journée est terminée, ainsi que le dimanche et les jours fériés, ils travaillent en ville chez eux pour un prix moins élevé que nos patrons et nous causent un préjudice considérable; si ceci n'existait pas, il n'y aurait pas d'ouvriers sans travail, quoiqu'ils ne soient jamais bien nombreux (il y en a trois en ce moment), et notre salaire serait plus élevé (1).

PORT DE CHERBOURG.

Le *Syndicat typographique de Cherbourg* faisait les réflexions suivantes, en réponse au questionnaire du mois de novembre 1903 :

Le travail exécuté le soir dans les ateliers de la ville par des ouvriers de l'arsenal est également une des causes de cette baisse (du travail). Il faudra une intervention des pouvoirs publics pour faire cesser cet état de choses, car le préfet maritime, informé, a déclaré être incompétent.

En juillet 1904, l'Office du travail recevait de la *Chambre syndicale des ouvriers menuisiers et charpentiers de Cherbourg* une déclaration ainsi conçue :

Nombre de fois nous avons, à cette même place, envisagé la situation créée pour nous par le travail que les ouvriers de l'arsenal exécutent en dehors, c'est-à-dire les travaux qu'il font, soit au compte des entrepreneurs, soit à celui des capitalistes et surtout de ces derniers. Il serait à souhaiter qu'un bon

---

(1) Et encore, au mois de janvier 1906 : «Nous avons déjà signalé un grand nombre d'ouvriers du port, qui ont été surpris rasant et coupant les cheveux pendant les heures de travail. Ces questions ont été signalées à M. le Ministre par l'intermédiaire de la Chambre syndicale des patrons coiffeurs de Brest.»

règlement sérieux empêche totalement ces ouvriers de manger le pain de leurs camarades de l'industrie, profitant du temps, de repos soi-disant, que leur a accordé une main bienveillante, et que nous souhaitons voir à tous nos camarades. Tant que les entrepreneurs pourront compter sur le travail des ouvriers du port, nos revendications corporatives resteront sans effet.

De son côté l'*Union des ouvriers mécaniciens* de Cherbourg écrivait au mois de novembre 1905 :

Une des causes du chômage qui vient s'ajouter au manque de commandes de l'État ainsi qu'à la diminution du personnel de l'arsenal de la Marine est que beaucoup d'ouvriers de l'arsenal se livrent à un travail de tâcherons chez eux. Le Ministre de la marine, consulté à ce sujet, refuse de prendre une solution, estimant que les ouvriers sortis des arsenaux *sont maîtres d'eux et rentrent dans le droit commun.*

Au commencement de janvier 1906, la *Chambre syndicale des ouvriers jardiniers de Cherbourg* envoyait à l'Office du travail les renseignements suivants :

Le travail, à Cherbourg, se trouve particulièrement rare à cause du grand nombre des salariés de l'État, tels que pompiers, douaniers et ouvriers de l'arsenal qui font à l'ouvrier de la ville une concurrence acharnée. Ces ouvriers ne travaillant que huit heures par jour, trouvent le moyen de prendre des permissions qui leur sont généreusement attribuées par la Marine, et de travailler à un prix que les ouvriers qui n'ont que leur journée pour vivre ne peuvent accepter.

L'avantage de ces ouvriers est qu'ils sont payés comme s'ils travaillent à l'arsenal, ce qui fait qu'ils peuvent enlever le pain de l'ouvrier de la ville très facilement, leur journée étant déjà payée.

Le seul remède à cet état de choses serait de leur interdire tout travail après leur journée passée à l'arsenal, où ils ne sont guère fatigués.

PORT DE ROCHEFORT.

L'observation suivante a été envoyée à l'Office du travail, au mois de février 1906, par la *Chambre syndicale de la métallurgie* existant en cette ville :

Si, écrit le secrétaire, le chômage existe dans la métallurgie ainsi que dans d'autres professions à Rochefort, c'est que les ouvriers de l'arsenal prennent des permissions, ou bien ont des ateliers chez eux, ou encore vont travailler dans les ateliers de la ville, tels les Ponts et chaussées, qui ne se font pas de scrupule d'employer des ouvriers de l'arsenal le dimanche et le soir après les heures de travail de l'arsenal. D'un autre côté, les patrons emploient des retraités pour les payer moins cher. Voilà une des plus grandes raisons du chômage à Rochefort.

Peu de temps après l'application de la journée de huit heures dans les ports de guerre, le service de l'Inspection du travail avait d'ailleurs signalé la situation qui en résultait pour les ouvriers de l'industrie privée. L'Inspecteur divisionnaire de la 7ᵉ circonscription écrivait (1) :

M. l'Inspecteur départemental à Lorient fait remarquer que, dans cette ville, comme à Brest, l'application de la loi (sur la durée du travail) est rendue encore plus délicate par la circonstance locale de la concurrence faite à la population ouvrière civile par les ouvriers de l'arsenal, en activité ou en retraite.

  • Les ouvriers du port, qui bénéficient aujourd'hui de la journée de huit heures, ont terminé leur travail à 5 heures du soir ; ils disposent, matin et soir, surtout pendant la belle saison, d'un nombre d'heures assez élevé qu'ils emploient à des travaux de toute sorte. Les patrons peuvent donc trouver là une main-d'œuvre à bon marché, en sorte qu'ils payent leurs ouvriers à l'heure, et s'ils réduisent la journée à dix heures et demie, les salaires sont diminués d'autant..... La concurrence du port de guerre et la qualité médiocre des apprentis sont deux causes locales ou difficultés rencontrées par le Service dans l'application de la loi du 30 mars 1900 (2).

En 1904, diverses fédérations ouvrières se sont préoccupées de la situation ainsi signalée par des plaintes de syndicats de l'industrie privée.

Le deuxième congrès des travailleurs de l'État (organisé par l'*Union fédérative des travailleurs de l'État*, dont fait partie la Fédération nationale des travailleurs des arsenaux) discuta, le 29 juin, cette question en détail et vota, en conclusion, l'ordre du jour suivant, proposé par un délégué de la Fédération des allumettiers :

La journée de huit heures établie dans les manufactures (de l'État), il faut que les syndicats ou fédérations veillent à ce que les camarades qui bénéficient de cette réforme n'aillent pas, à l'issue de leur journée, prendre le

----

(1) *Rapports sur l'application, pendant l'année 1902, des lois réglementant le travail, 1903,* p. 175.

(2) Sur le même sujet, voici ce qu'on lit dans *La Condition des ouvriers des arsenaux de la Marine,* par M. G. Dagnaud, chef de bureau au Ministère de la marine, Paris 1904 (p. 93 et 94) :

« ..... A l'insuffisance de nourriture, il faut ajouter les fatigues occasionnées par les travaux faits en dehors du port. Si réduit qu'on puisse imaginer l'étalon de vie de la famille ouvrière des ports, il y a cependant des besoins qui s'imposent. L'homme qui ne peut gagner dans l'arsenal un salaire suffisant s'ingénie à augmenter ses ressources par des travaux au dehors. Celui-ci travaillera une heure ou deux par jour après la cloche chez lui ou chez un entrepreneur de la ville. Cet autre est garçon de café le soir, contrôleur ou machiniste au théâtre. Quelques-uns vont passer la nuit à la pêche et beaucoup cultivent un jardin. Les ouvriers usent d'un droit d'autant plus légitime que souvent les besoins de la famille leur en font un devoir. Mais les forces de l'homme sont limitées. L'ouvrier qui a veillé une partie de la nuit n'est pas en train de travailler le jour, surtout quand il est mal nourri, et il aura toutes sortes d'occasions pour faire traîner un travail souvent difficile à vérifier..... »

travail des ouvriers de l'industrie privée en travaillant encore en dehors des manufactures;

Les militants syndicalistes auront pour devoir d'inculquer ces principes dans les consciences individuelles par une propagande active auprès des syndiqués.

Deux délégués de la Fédération du personnel civil des établissements de la Guerre proposèrent l'addition suivante, qui fut adoptée :

Chaque fois qu'il sera constaté, par un procès-verbal d'un inspecteur du travail, qu'un ouvrier de l'État travaille en ville, il sera mis en demeure d'opter entre l'Etat et l'industrie (1).

Dans sa séance du 9 juillet (2), le comité central de la *Fédération française des travailleurs du Livre* désigna deux de ses membres «pour faire une démarche auprès du Ministre de la marine afin d'obtenir l'interdiction de faire travailler des ouvriers des arsenaux dans les imprimeries, après leur journée normale».

Au mois de juillet également, le Congrès de la *Fédération des ouvriers menuisiers* décida, sur la demande du Syndicat des ouvriers menuisiers de Rochefort, qu'une délégation serait envoyée au Ministre de la marine pour «obtenir une solution au sujet des ouvriers des arsenaux qui occasionnent un plus grand chômage aux ouvriers de la ville par suite des travaux qu'ils entreprennent et exécutent après leur journée de huit heures.» «Les ouvriers des arsenaux, déclarait le délégué de ce Syndicat, qui travaillent huit heures, entreprennent différents travaux à forfait qu'ils exécutent après leur journée et, par là, causent un préjudice aux ouvriers de la ville (3).»

Quelques semaines plus tard la question fut également portée devant le congrès de la *Fédération des ouvriers peintres*, tenu à Grenoble. Le délégué de Cherbourg fit adopter une motion tendant à ce qu'il ne soit plus permis aux ouvriers de l'État de faire concurrence à ceux de l'industrie privée en venant s'offrir aux patrons à des prix inférieurs aux prix ordinairement payés (4).

Entre temps, le Ministre du commerce avait transmis à son collègue de la Marine une pétition que lui avait adressée, le 7 août 1904, la *Fédération des chambres syndicales ouvrières de la Manche*, établie à Cherbourg, au sujet du préjudice causé aux ouvriers de la ville par leurs camarades de l'arsenal, qui travaillent en dehors des heures de cloche. La Fédération demandait qu'il fût mis fin à cet état de choses qui lésait des intérêts légitimes. Le Ministre de la marine répondit en ces termes à la Fédération, le 26 septembre :

Conformément à une circulaire ministérielle du 11 septembre 1902 (B. O. p. 208), les ouvriers des arsenaux sont absolument libres d'employer

---

(1) Le *Travailleur de l'État*, juillet 1904.
(2) La *Typographie française*, 1er août 1904.
(3) Fédération des ouvriers menuisiers..... Compte rendu des deux congrès.....
p. 27 et 23.
(4) La *Voix du Peuple*, 6-13 novembre 1904.

leurs loisirs comme ils l'entendent. La Marine, du reste, ne peut avoir d'action sur eux en dehors des arsenaux;

Par suite, il n'est pas possible d'empêcher ces ouvriers de se livrer à des travaux quelconques pouvant leur permettre d'augmenter leurs modestes ressources, en dehors de leur service.

Dans une lettre, en date du 3 avril 1905, au Ministre du commerce, le Ministre de la marine déclarait que son département « a reçu assez souvent des réclamations individuelles relatives à la concurrence faite aux ouvriers de l'industrie privée par les ouvriers de la Marine après leur sortie de l'arsenal »; il s'en référait, au surplus, à la réponse donnée par son prédécesseur à la pétition de la Fédération des chambres syndicales ouvrières de la Manche (1).

---

(1) On trouvera en annexe (p. 89) la partie du *Rapport du Directeur du contrôle sur l'inspection du travail dans les arsenaux et dans les établissements de la Marine* qui concerne l'application de la journée de huit heures. Ce rapport est parvenu à l'Office du travail après la mise en page de ce volume.

MINISTÈRE DE LA GUERRE.

Un essai de la journée de huit heures a été fait, à partir du 1ᵉʳ septembre 1903, à l'atelier de constructions de Tarbes, qui occupait alors 1,435 personnes. Entrepris pour une période de trois mois, il a été poursuivi jusqu'au 1ᵉʳ juillet 1904 et abandonné à cette date.

Mais déjà la journée de neuf heures avait été mise à l'essai, le 15 février 1904, dans une partie des établissements de la Guerre; cet essai fut étendu, à partir du 31 mai 1905, à tous les établissements, et « jusqu'à nouvel ordre ».

Les deux documents ci-dessous, le premier déjà publié au *Journal officiel* (le 7 novembre 1903), le second établi, sur la demande du Ministre du commerce, par le Ministre de la guerre, fournissent tous les renseignements désirables sur ces deux essais et sur leurs résultats. On a extrait de cette note pour en faire un troisième chapitre les renseignements qu'elle renferme au sujet des plaintes formulées par les ouvriers de l'industrie privée contre la concurrence des ouvriers de la Guerre (1).

I. — COMMISSION D'ÉTUDE
DES REVENDICATIONS DU PERSONNEL CIVIL
DES ÉTABLISSEMENTS MILITAIRES.

RAPPORT

concernant la réduction de la journée de travail à huit heures, présenté le 30 octobre 1903 au Ministre de la guerre par M. Ricard, président de la Commission.

Parmi les revendications des ouvriers des établissements de la Guerre qui ont été soumises à la Commission, celle qui avait pour objet la réduction de la journée de travail à huit heures est certainement une des plus importantes. Elle est soulevée dans tous les congrès, et les développements qu'on lui donne soit dans les assemblées ouvrières, soit dans les documents adressés au Ministère de la guerre, attestent l'intérêt que les travailleurs attachent à la réforme qu'ils demandent : aussi la Commission n'a pas voulu l'examiner sans qu'il ait été, au préalable, procédé à une étude aussi complète que possible de la question, des motifs qui la justifient comme des difficultés qu'elle peut soulever.

---

(1) On pourra voir, en outre, les déclarations du Ministre de la guerre devant la Chambre des députés, dans la seconde séance du 2 mars 1905.

Le soin de cette étude a été confié à M. Laurent-Atthalin, auditeur au Conseil d'État, dont voici le rapport :

Rapport présenté à la Commission par M. Laurent-Atthalin, auditeur au Conseil d'État (séance du 3 avril 1903.)

Messieurs,

Nous avons à vous exposer les revendications du personnel civil des établissements militaires qui sont relatives à la durée de la journée de travail.

Ces revendications vous ont été soumises sous des formes différentes pour les divers services, et il est nécessaire d'abord de les exposer.

I.

1° Revendication des ouvriers des magasins administratifs.

Ce sont, vous le savez, des manutentionnistes et des manœuvres, auxquels il faut joindre des spécialistes et quelques commis.

Le Syndicat des ouvriers et ouvrières des magasins centraux de la Guerre, les ouvriers du campement militaire d'Alger, et immédiatement ensuite la Fédération nationale des ouvriers et ouvrières des magasins administratifs de la Guerre, ont présenté, au mois de mai 1901, une revendication tendant à limiter la journée à huit heures et demie de travail effectif.

Le 3ᵉ congrès de la Fédération nationale des ouvriers et ouvrières des magasins administratifs de la guerre a repris cette revendication, qui a été soutenue devant vous, à la 11ᵉ séance de la Commission, par M. Mathieu, président de la Fédération et du Syndicat. M. Mathieu se plaignait du mauvais éclairage des ateliers et affirmait qu'en diminuant la durée du travail des heures pendant lesquelles cet éclairage est insuffisant, on obtiendrait un rendement égal et une économie de lumière.

Enfin, le 30 octobre dernier, la Fédération transmettait au Ministre de la guerre une lettre ainsi conçue :

«Monsieur le Ministre, les membres du Conseil central ont l'honneur d'attirer votre bienveillante attention sur l'expérience de la journée de huit heures, tentée d'abord et mise ensuite en vigueur définitivement au Ministère des postes et télégraphes, et, ces jours derniers, par votre collègue de la Marine.

«Ne serait-il pas possible, Monsieur le Ministre, d'ordonner les mêmes expériences dans un établissement par chaque direction de votre ministère ? Vous ne devez pas ignorer que tous les travailleurs de l'État sont confédérés ensemble, et que la question de la journée de huit heures est une des premières de son ordre du jour qui va être soumise au Parlement.

«Ne croyez-vous pas, Monsieur le Ministre, qu'une expérience ordonnée par vous aurait une répercussion plus favorable à votre égard que d'attendre que le Parlement vous y oblige ?

«Nous osons espérer qu'en jetant un regard autour de vous, vous n'hésiterez pas à suivre le principe de démocratie inauguré dans d'autres ministères.

« Dans l'attente de la réalisation de cette réforme, qui ne saurait se faire attendre, nous vous prions, Monsieur le Ministre, d'agréer la haute considération de vos très humbles mais dévoués serviteurs.

« Pour le Conseil central : le président Mathieu; le trésorier, Chevalier; le secrétaire général, Falière. »

2° Revendications des ouvriers de l'artillerie et du génie.

Ce sont les ouvriers, les comptables, dessinateurs et gardes-magasins des chefferies, directions et ateliers de construction.

Au 7e congrès, du mois de novembre 1900, ces ouvriers n'avaient présenté aucune revendication du genre de celle qui nous occupe.

Le 8e congrès, au contraire, en juin 1901, avait mis la journée de huit heures à son ordre du jour. Par 9 établissements, représentant 10,800 ouvriers, contre 5 en représentant 5,200, le congrès émit le vœu que le maximum de la journée de travail fût fixé à huit heures, tout en maintenant le salaire intégral de la journée de dix heures. Cette proposition ne paraissait pas, d'ailleurs, aux congressistes d'une réalisation immédiate, car d'autres mesures furent proposées pour obtenir, en attendant, un meilleur aménagement du salaire et de la main-d'œuvre dans les établissements.

Devant la Commission, à la séance du 12 février 1902, M. Berlier, secrétaire général de la Fédération, en présence des autres délégués de son groupe, reconnut que la revendication était prématurée, mais il pensait cependant qu'elle pouvait être utilement mise à l'étude.

En outre, les *ouvriers des poudres et salpêtres,* dans leur 9e congrès, demandèrent la limitation de la durée du travail.

Enfin, l'*Union fédérale des travailleurs de l'État* a pris pour première revendication « la journée de huit heures ». On voit que la revendication, qui d'abord était spéciale à certains services, s'est étendue à tous et est, peu à peu, devenue très précise et très nette.

Quelle est donc la durée du travail dans les établissements de la Guerre ? Le travail journalier y est normalement de dix heures; de neuf heures en hiver pour quelques rares établissements.

En dehors de ces heures, on peut en exiger qui, étant supplémentaires, sont payées en sus, avec une certaine majoration si le travail a lieu la nuit.

II.

Il convient de remarquer que les ouvriers se bornent à demander la réduction de la durée de travail, sans présenter, à l'appui de leur revendication, des justifications précises. Est-ce à dire qu'il n'y en ait pas? Nullement, et en y réfléchissant, voici les arguments qu'on peut invoquer :

1° L'hygiène sociale conseille formellement la réduction de la journée de travail ;

2° La production ne serait pas atteinte par cette mesure.

Le premier argument se développe de lui-même.

Le travail journalier ne doit pas être tel que l'ouvrier qui s'y livre altère la source de son énergie. Sinon, il apporte à l'employeur plus de forces que la nature n'en met chaque jour à sa disposition ; il consomme, pour ainsi dire, son capital de vigueur et de santé et risque ainsi de ne pouvoir remplir sa tâche dans la vie.

Il est bon de laisser à l'ouvrier quelques heures de liberté pour s'occuper de son foyer et de ses enfants, pour se distraire et même, a-t-on dit, « pour compléter son éducation et se pénétrer davantage des grandes vérités morales et sociales. »

Pour soutenir le second argument, on peut raisonner de la façon suivante :

L'ouvrier qui a reconstitué ses forces par un repos suffisant apporte à l'atelier une énergie physique et morale qu'il peut maintenir jusqu'au bout de sa journée; de telle sorte que la production est, d'une part, au moins la même en quantité, et, d'autre part, bien supérieure en qualité.

Dans l'exposé des motifs d'une proposition de loi présentée le 27 juin 1898, MM. Vaillant, Sembat, Basly, Viviani, Millerand et autres ont fourni un certain nombre d'exemples destinés à prouver l'exactitude de cette proposition.

C'est d'abord l'expérience qui a été tentée, en 1894, à Manchester par MM. Mather et Platt dans leurs ateliers de mécanique. La durée du travail hebdomadaire fut réduite à quarante-huit heures, au lieu de cinquante-trois, sans changement dans les salaires. A production égale, le taux des salaires s'éleva de 4 p. 100 : augmentation compensée par l'économie du charbon, du gaz et du matériel. Quant au travail aux pièces, rémunéré sur les mêmes bases, il ne tarda pas, après un léger recul, à donner lieu à des salaires journaliers équivalents.

A la même époque, la même tentative fut faite avec le même succès, en Moravie dans l'industrie textile, qui pourtant a la réputation, dit-on, de ne jamais trouver les journées assez longues.

Il y a lieu de rappeler également que le Gouvernement des États-Unis, dès l'année 1868, a fixé à huit heures, sans diminution de salaires, la durée du travail dans les ateliers fédéraux.

Cette limite, qui est imposée aux entrepreneurs de travaux publics, a été étendue à plusieurs États de l'Union, notamment l'État de New-York. D'ailleurs, les textes législatifs prévoient des heures supplémentaires, payées au taux du salaire journalier.

De même en Angleterre, et sur l'initiative d'hommes tels que Gladstone et Rosebery, une expérience progressive et raisonnée fut tentée : d'abord en février 1894 dans les ateliers d'équipement de Pimlico, à la fabrique d'armes de Woolwich, puis dans la généralité des ateliers et établissements. Les salaires furent maintenus, en même temps que la durée moyenne du travail effectif, calculée sur l'ensemble de l'année, était ramenée à huit heures. Partout il fut reconnu que la légère élévation des salaires était largement compensée par l'économie de charbon, de lumière et d'usure du matériel.

La journée de huit heures est, depuis lors, établie en Angleterre comme

en Amérique, et, ici comme là, les villes et comtés suivent progressivement
l'exemple de l'État, tant pour eux que pour leurs entrepreneurs.

Enfin, en France même, et après expérience, la journée de travail a été
fixée à huit heures aux Postes et télégraphes, et récemment à la Marine.

Ces exemples, dit-on, doivent entraîner la conviction : il n'est pas possible de considérer comme aléatoire et dangereuse une mesure qui a été
adoptée, en toute connaissance de cause et avec succès, par plusieurs industriels, par deux grandes nations et par deux services importants de la République.

On ajoute que les objections soulevées dans la doctrine des économistes
libéraux au sujet de la fixation d'un maximum de la durée du travail se
trouvent dans l'espèce, sans application. En admettant que la puissance publique n'ait pas le droit d'intervenir dans les clauses du contrat de travail
entre les tiers, l'État a incontestablement la faculté d'adopter, pour l'organisation du travail, dans ses propres ateliers, la règle qui lui convient le
mieux.

III.

Avant d'aborder la discussion des arguments qui précèdent, il faut reconnaître qu'à la vérité les principes économiques ne sont pas engagés et que la
Commission est uniquement placée devant une question d'opportunité sur
laquelle elle peut proposer au Ministre de la guerre telle solution qui lui pa-
raîtra préférable.

Nous n'insisterons pas sur les considérations relatives à l'hygiène des travailleurs: il est vrai que dix heures de travail peuvent conduire à l'usure lorsqu'il s'agit de travaux très pénibles comme ceux de la mine, mais nous ne
sommes pas convaincus que ceux des établissements de la Guerre soient de
ce genre; nous pensons que cet argument s'applique mieux à la journée de
douze heures et qu'il est mieux à sa place lorsqu'il est question de la limiter
à dix heures.

La question fondamentale est celle qui touche au rendement du travail :
la production pendant une journée de huit heures est-elle la même que pendant une journée de dix heures? Elle se subdivise ainsi : est-il possible à l'ouvrier, qui le désire absolument, d'accomplir le même travail pendant une
journée réduite de dix heures à huit heures ? En admettant que ce soit possible, l'ouvrier, en fait, sera-t-il conduit à pousser son travail de façon à
maintenir la production ?

Sur la première question, il faut encore distinguer: toutes les fois que le
travail est un pur travail de main-d'œuvre (manutention, réparations et travaux aux petits outils), l'ouvrier étant le facteur unique ou principal de la
production, son tempérament, sa santé et son ardeur au travail peuvent augmenter considérablement la quantité de travail produite. Au contraire,
lorsque l'ouvrier est simplement appelé à alimenter une machine, il ne peut
en multiplier le rendement, et s'il est vrai que la manière dont il l'alimente
n'est pas sans intérêt, le rendement théorique de la machine est une limite
dont il ne s'éloigne guère et qu'il ne peut franchir.

Les chiffres qui ont été apportés à la Commission lorsqu'elle a eu à discuter la question du travail aux pièces viennent nettement à l'appui de cette considération. Ce mode d'établissement du salaire incite l'ouvrier au maximum possible de rendement : or, il résulte des chiffres dont il s'agit que les ouvriers ajusteurs, par exemple, ont pu, par l'effort personnel que cet intérêt provoque, augmenter leur production de 35 p. 100, alors que les ouvriers chargés d'alimenter des machines n'ont obtenu qu'une augmentation de 10 p. 100.

La distinction, d'ailleurs, a été faite bien souvent; c'est ainsi que plusieurs industriels estiment que dans les tissages et, mieux encore, dans les ateliers métallurgiques, une réduction d'un dixième de la durée de la journée peut être compensée, alors que cela serait impossible dans une filature.

Nous admettrons donc que, par un effort personnel énergique, un ajusteur, et nous dirons de même un manœuvre, un manutentionniste....., sont en mesure de maintenir une production malgré une réduction appréciable de la durée du travail; tandis que l'ouvrier qui alimente une machine ne peut matériellement, par sa seule volonté, en maintenir la production lorsque la journée est raccourcie de 20 p. 100.

Et, maintenant, les ouvriers voudront-ils maintenir dans la mesure de leurs forces, la production? En ce qui concerne une période d'expérimentation, nous ne le mettrons pas en doute, et nous pensons même que, quelle que soit la décision prise, une expérience est inutile, car elle ne peut conduire qu'aux résultats que la théorie laisse prévoir.

En ce qui concerne une période normale d'application et particulièrement, à l'heure présente, dans les établissements de l'artillerie et du génie, nous ne le croyons pas.

Pour éviter les licenciements devant lesquels l'État recule, mais qui pourraient s'imposer si la production était rapide, les ouvriers ne se laisseraient-ils pas aller, entraînés par un sentiment très louable de solidarité, à restreindre l'intensité de leur travail, du moins à ne pas le précipiter jusqu'aux extrêmes limites du possible?

Dans ces conditions, nous pensons qu'à personnel égal, la réduction de la journée à huit heures diminuerait la production dans les établissements militaires.

Les partisans de la journée de huit heures en dehors des établissements de la Guerre ne nous contrediront certainement pas sur ce point. Dans l'enquête faite en 1890 par la Commission du travail de la Chambre sur le travail des adultes, ils ont à plusieurs reprises déclaré que la journée de huit heures était précisément demandée pour obtenir une diminution de la production.

M. Cluseret fit la déclaration suivante :

« Avec le surcroît de production des machines, il est incontestable qu'on ne peut plus employer qu'un nombre limité d'ouvriers ; la conséquence, c'est que ceux qui travaillent le font d'une manière exagérée, tandis qu'un grand nombre d'ouvriers ne fait rien du tout. D'où une situation anormale qui amène les grèves et qui trouble l'harmonie sociale. Dans ces conditions, nous avons pensé que c'était un devoir de solidarité humaine, parmi tous ceux qui contribuent à la production nationale, de répartir aussi justement que possible la somme de travail existante. Notez bien que je ne parle absolument que de la situation actuelle, mais non de ce qui devrait être. Cette somme de travail existante doit être répartie de manière à employer le plus grand nombre de bras possible. Nous avons donc pensé qu'en diminuant la somme d'heures de travail de chacun, nous la répartirions sur un plus grand nombre à qui nous donnerions satisfaction ».

De même dans sa déposition, M. Antide Boyer soutenait que la surproduction résulte précisément de la durée trop longue de la journée ; il observait que, par la journée de huit heures, la production moyenne serait la même, étant égalisée entre les périodes de travail excessif et celles de chômage, et il terminait en disant que, la journée étant réduite, « un grand nombre de bras actuellement disponibles ne le seraient plus. »

Cette façon de penser est celle de tous ceux qui voient dans la journée de huit heures une manière de relever les salaires et d'aménager plus régulièrement la production. — Elle implique absolument et ouvertement la diminution de la production journalière de chaque ouvrier.

Comment supposer que la mesure appliquée dans les établissements militaires ne donnerait pas ce résultat?

IV.

Il nous faut examiner maintenant l'exemple tout proche de deux administrations publiques, les Postes et la Marine, où la journée de huit heures a été essayée, puis adoptée.

Par un arrêté en date du 9 février 1901, la durée de la journée de travail dans l'Administration des postes a été fixée à huit heures pour le personnel auxiliaire de toutes catégories employé dans les services suivants :

Vérification du matériel, dépôt central, agence comptable et atelier de fabrication de timbres-poste, construction et réparation du matériel postal et télégraphique.

Consulté sur les résultats obtenus, le sous-secrétaire d'État des postes et des télégraphes a transmis au Ministre de la guerre, le 11 mars 1903, les renseignements suivants... (1)

On voit que l'application de la journée de huit heures et la suppression du travail aux pièces ont nécessité une réorganisation du personnel et un renforcement des effectifs, entraînant une augmentation du montant des salaires de 2 1/2 p. 100 environ ; il est à remarquer que, pourtant, et sans qu'il soit possible de faire la part de chacune des deux réformes, le rendement a accusé un fléchissement.

Plus récemment, après quelques essais partiels, la journée de huit heures a été adoptée dans les ateliers de la Marine.

Au commencement du mois de janvier courant, le Ministre de la guerre,

_____

(1) Voy. le texte de ce document p. 9.

a, au nom de la Commission, demandé au Ministre de la marine quelques renseignements sur les résultats obtenus ; mais aucune réponse n'a été faite à la Commission par l'administration de la Marine, l'expérience qu'elle a faite n'ayant pu sans doute donner déjà des résultats bien concluants.

V

Après ces observations sur les arguments présentés à l'appui de la revendication, il y a lieu de signaler encore quelques-unes des objections et des difficultés que la réforme serait de nature à soulever.

1° Conciliation de l'établissement de la journée de huit heures avec l'application du travail aux pièces.

Il n'y a pas eu, au Ministère de la marine, à examiner cette difficulté, le travail aux pièces n'y étant pas pratiqué. Aux Postes et télégraphes, la conciliation n'a pas été jugée possible ou utile, et les deux mesures, journée de huit heures et suppression du travail aux pièces, ont été prises à la même époque.

La Commission, ayant proposé le maintien du travail aux pièces, devra se préoccuper de la question.

Si les ouvriers soutiennent que le maintien de la production est conciliable avec la journée de huit heures, ils ne veulent pas néanmoins subir une réduction de salaire, et leur revendication actuelle est subordonnée au maintien de ce salaire.

Vous avez décidé, il est vrai, que l'ouvrier aux pièces devrait jouir d'un minimum de paye, ce qui, dans l'espèce, limiterait sa perte ; mais si les devis sont établis de telle façon qu'en huit heures l'ouvrier ne pourra espérer dépasser le salaire normal, l'application du travail au devis deviendra illusoire.

Force sera donc de rehausser les tarifs des devis : il est clair qu'il en résultera une augmentation correspondante du prix de revient des objets fabriqués.

De plus, il est évident que le maintien du salaire actuel aboutirait, en réalité, à une augmentation, puisque la somme payée serait la même pour un travail moindre. Il est permis, dès lors, de se demander si une semblable solution ne serait pas contraire aux principes qui ont guidé jusqu'à présent la Commission. Celle-ci s'est toujours attachée, en effet, à faire obtenir et à réserver aux ouvriers de la Guerre le salaire normal de la région tel qu'il est défini par les décrets du 10 août 1889. Or, le mot de « salaire normal » n'a de sens que s'il se rapporte à une durée de travail qui est celle des autres ouvriers de la région : fixer cette durée à huit heures, c'est s'éloigner de la règle jusqu'ici suivie, qui avait l'avantage de donner une base logique de discussion et d'écarter l'arbitraire.

2° Utilisation du matériel de la fabrication.

Le matériel est forcément limité. Le prix élevé des machines, la durée problématique de leur emploi obligent à n'en acquérir que le strict minimum ; et il est nécessaire, tant qu'elles répondent aux besoins et à l'état des perfectionnements connus, de leur donner le maximum d'utilisation.

La réforme proposée serait à ce point de vue-là encore une source, soit de dépenses supplémentaires, soit de fléchissement de la production, dans tous les cas d'augmentation des prix de revient.

3° La journée de huit heures ne peut pas devenir une règle générale et s'appliquer à toutes les catégories du personnel : huit heures de travail, ce n'est pas assez pour les fonctions de pure présence, de surveillance passive ; c'est trop, au contraire, pour certains travaux très fatigants, ceux des calculateurs, par exemple ; c'est un non-sens pour le fonctionnaire chargé de diriger un service dont il est responsable,

Cependant, une fois que le principe sera proclamé, comment ne pas l'étendre à tout le personnel d'un établissement ?

En second lieu, dans l'esprit de la plupart de ses promoteurs, la journée de huit heures, constituant une règle d'hygiène et de raison, ne comporte pas l'application d'heures supplémentaires, toute exception introduite sous ce nom serait considérée comme un recul ; on a pu, à la tribune du Parlement, appliquer à la journée de huit heures l'adage : « bien donné ne se reprend pas ».

On peut donc craindre de perdre, en établissant la journée de huit heures, la faculté d'assouplir le service public à la diversité des fonctions, comme des circonstances.

4° Il y a lieu, enfin, de se préoccuper de la répercussion de la décision prise dans les administrations voisines. Deux services publics, nous l'avons vu, ont adopté la journée de huit heures ; nous savons de quel poids pèse cet exemple ; si un troisième service y adhère, il est à penser que les autres devront l'imiter.

Dans sa séance du 28 février 1901, la précédente Chambre fut saisie d'une motion de M. Dejeante invitant le Gouvernement à fixer à huit heures la durée du travail dans les établissements de la Guerre. M. Caillaux, alors, ministre des finances, combattit cette motion : il rappela que les ouvriers de la Guerre demandaient leur assimilation aux ouvriers des manufactures des tabacs, tout en demandant là un avantage que ceux-ci n'avaient pas ; il ajoutait qu'on ne pouvait songer à cette assimilation si les conditions du travail n'étaient pas les mêmes.

Sur ces observations, par 373 voix contre 150, la Chambre rejeta la motion.

La raison invoquée demeure, et nous pensons que la Commission aura à l'examiner à son tour.

VI

Essayons maintenant de dégager une conclusion de toutes les considérations que nous avons développées.

Nous n'avons pas essayé d'évaluer le déficit de rendement que la journée de huit heures pourrait entraîner dans les établissements de la Guerre ; nous reconnaissons volontiers que ce déficit ne serait pas en proportion de la réduction de la durée du travail ; mais nous croyons qu'un fléchissement appréciable ne pourrait être évité, que d'ailleurs il varierait dans les différents services et d'après les dispositions des ouvriers. Nous avons vu que cette manière de voir est au fond celle des partisans de la journée de huit heures, qu'elle est même l'un des arguments présentés en faveur de cette réforme.

Le lieu n'est pas ici de pénétrer dans la discussion économique de cette question que la Commission n'a pas mission d'examiner. Mais, à supposer que la journée de huit heures contribuerait à régulariser la production, nous en viendrions précisément à penser que cette réforme ne s'applique pas aux ateliers de la Guerre. C'est, en effet, un fait fondamental dans ces ateliers que la production d'ensemble ne peut ni ne doit être régularisée. Il faut, au contraire, conserver la plus grande élasticité à un service qui doit être prêt à transformer du jour au lendemain tout un armement, pour se contenter ensuite, pendant un temps indéterminé, de menus travaux d'appropriation, de réparation.

Donc, alors même que l'on verrait se généraliser la journée de huit heures, il y aurait de graves inconvénients à enfermer dans cette formule les établissements de la Guerre.

C'est pourquoi nous proposons à la Commission de ne pas préconiser cette réforme.

Mais il y a plus : nous ne croyons pas que tel soit l'intérêt bien entendu des ouvriers ; nous pensons, et cette manière de voir s'applique aussi bien à la journée actuelle de dix heures qu'à la journée de huit heures, qu'il vaut mieux ne pas fixer réglementairement la durée de la journée de travail dans les établissements de la Guerre.

Si, dans un intérêt public, nous devons admettre les plus grandes irrégularités dans les commandes, il faut s'efforcer de rendre cette nécessité aussi peu préjudiciable que possible aux ouvriers : pour cela, éviter, autant que faire se peut, les embauchages, qui aboutissent invariablement à des licenciements.

Pour arriver, au moins dans une certaine mesure, à ce résultat, il faut pouvoir demander au personnel actuel, en cas de besoin, un effort supplémentaire et ne revenir à l'embauchage qu'après avoir demandé à ce personnel le maximum d'effort ; par contre, dans les périodes de chômage partiel, diminuer régulièrement la production de chacun, afin de conserver utilement le plus grand nombre d'ouvriers.

Si on se reporte aux circonstances actuelles, on voit qu'elles imposent des licenciements et que, même, la situation des ouvriers commissionnés peut être menacée. Il y a là une occurrence grave, car le personnel commissionné constitue un cadre d'ouvriers anciens et de spécialistes qui est destiné à assurer, aux jours de plein travail, la continuité des méthodes et des traditions ; c'est, en outre, un personnel vis-à-vis duquel l'administration a pris une sorte d'engagement moral, récompense de services généralement longs et réguliers. Avant de se résoudre à licencier des ouvriers commissionnés, il vaudrait mieux, pensons-nous, diminuer temporairement la durée de la journée de travail, et la fixer à huit heures, par exemple, étant bien entendu que toute commande nouvelle, parvenant dans chaque établissement et que le même personnel pourrait exécuter avec une ou plusieurs heures supplémentaires, devra être entreprise de cette manière, sans aucun embauchage, hors les spécialités reconnues indispensables.

4.

Les salaires pourront-ils être maintenus ? Nous croyons que, sur ce point, les ouvriers pourront accepter quelques sacrifices ; le sentiment de solidarité, qui a poussé un grand nombre d'entre eux à offrir dernièrement la suppression d'un jour de travail par semaine montre qu'ils se rendent compte des difficultés présentes. Il paraît établi, d'autre part, que le salaire journalier des ouvriers de la Guerre serait généralement supérieur au salaire normal ; nous sommes ainsi conduits à penser qu'avec la diminution de la durée de la journée de travail, les salaires pourraient être réduits d'une certaine quotité ; en faisant cette réserve que, dans tous les cas, le salaire normal de la région sera considéré comme un minimum.

La mesure ainsi prise constituerait à coup sûr une charge ; mais elle serait d'abord très limitée, et le résultat présenterait, croyons-nous, de grands avantages. On maintiendrait ainsi intact le cadre des commissionnés, on éviterait de licencier des ouvriers âgés qui, dans les ateliers qu'ils fréquentent depuis longtemps, remplissent encore de bons services, mais qui pourraient être très empêchés de trouver du travail ; on renforcerait et ferait apprécier plus encore par les ouvriers le commissionnement ; on marquerait le désir de l'administration de conserver les titulaires, même au prix d'un sacrifice ; enfin, en cas de commande nouvelle, la production pourrait être augmentée, par l'emploi d'heures supplémentaires au prix normal, sans qu'on soit obligé de recourir à l'embauchage.

D'ailleurs, pratiquement, la dépense serait peut-être moindre que celle qui résulte de la situation présente : ne vaut-il pas mieux, en effet, travailler huit heures que de conserver pendant dix heures chaque jour des ouvriers presque désœuvrés, que l'on ne peut se résoudre à renvoyer, et à qui on impose la présence sans pouvoir les occuper convenablement ?

Laurent-Atthalin,
auditeur au conseil d'État.

Les conclusions du rapport de M. Laurent-Atthalin tendaient en principe au rejet de la revendication et ne proposaient la réduction de la journée de travail à huit heures qu'à titre de mesure temporaire et pour éviter les licenciements qu'elle entraînerait. La durée à dix heures pouvait être imposée, au moyen d'heures supplémentaires, si des commandes nouvelles se produisaient.

La Commission s'est tout d'abord posé cette question, qui lui a paru le préliminaire indispensable de la discussion : abstraction faite de toute considération économique, la réduction de la journée de travail à huit heures constitue-t-elle pour le personnel ouvrier une réforme utile ? Elle n'a pas hésité à répondre affirmativement. Son opinion lui a semblé justifiée non seulement par des motifs d'hygiène physique, mais aussi par des raisons d'un ordre plus élevé et tirées de la nécessité pour l'ouvrier de trouver le temps nécessaire à son développement moral. Les motifs d'hygiène physique sont incontestables, et il n'est pas besoin d'insister pour les établir ; les raisons morales apparaissent au premier abord moins claires et moins manifestes ; elles sont cependant aussi évidentes. Il n'est pas douteux que, dans une démocratie, l'ouvrier ne doit pas être un manœuvre : il faut qu'il accomplisse son rôle de citoyen avec la même conscience de ses devoirs et le même sentiment de ses droits que tout autre membre de l'agrégat social. Comment le pourrait-il si tout son temps est pris par le travail manuel, s'il est à ce point attaché à la machine qu'il ne puisse s'en séparer que pour réparer ses forces, soit par l'alimentation, soit par le sommeil?

La part du travail doit donc être restreinte dans la limite nécessaire pour donner à l'ouvrier la possibilité de développer sa capacité intellectuelle. Ce n'est pas seulement son intérêt; c'est aussi celui de la société, qui réclame le plus grand nombre d'esprits éclairés et d'intelligences actives.

Ceci admis, la Commission avait à chercher les moyens de réaliser la réforme; c'est alors qu'elle a dû reconnaître les difficultés qui se présentaient et qui lui avaient été, d'ailleurs, signalées par M. Laurent-Atthalin. La réduction de la durée du travail à huit heures n'est acceptable pour l'État que si elle correspond à une diminution du salaire journalier, sinon elle entraîne une augmentation certaine de dépenses. Or, les ouvriers ne conçoivent pas cette réduction sans le maintien intégral de leur salaire actuel, et, de plus, il n'est pas douteux qu'ils ne pourront pas donner un supplément d'effort assez grand pour compenser une diminution de durée de travail de deux heures.

L'abaissement brusque et immédiat de la durée de la journée de travail n'est donc pas possible, étant donnés, d'une part, les intérêt financiers de l'État, et, d'autre part, les exigences des ouvriers. Est-ce à dire que le problème soit à jamais insoluble? Loin de là, car la Commission estime qu'en procédant par diminutions progressives de la durée actuelle, qui est de dix heures, on arrivera à donner satisfaction aux ouvriers sans causer un préjudice appréciable à l'État. Cet effort, que nous disions être insuffisant pour combler le déficit causé dans le rendement par la suppression de deux heures de travail, pourra produire un résultat si on le limite à une durée plus courte. Il se manifestera certainement si l'ouvrier sait qu'il peut se dégager plus promptement, tout en maintenant son salaire. En outre, il faut compter sur le perfectionnement de l'outillage qui permettra de réclamer aux machines un rendement plus rapide : les représentants de l'État seront incités à chercher ce perfectionnement, qui accélérera la fabrication et rendra possible dans un espace de temps moindre un rendement égal sans augmentation de dépenses.

C'est du concours de ces deux forces, l'ouvrier et l'outillage, que dépend la solution du problème, qui ne peut dès lors être que l'œuvre du temps.

Aussi la Commission s'est-elle arrêtée aux conclusions suivantes :

« La Commission estime qu'il est désirable que la journée de travail de l'ouvrier ne dépasse pas huit heures, et qu'on doit s'efforcer d'arriver à ce résultat sans diminution du salaire et sans diminution des rendements journaliers.

« Laissant de côté les mesures spéciales qui pourraient être prises dans certains établissements pour atténuer les effets du licenciement, la Commission ne conseillerait pas la réduction brusque de dix heures à huit heures, parce qu'elle craindrait qu'elle n'ait pour effet ou de diminuer le salaire ou d'accroître les dépenses, le supplément d'effort de l'ouvrier ne pouvant à son avis compenser entièrement, au moins dans la plupart des cas, une diminution de durée du travail de deux heures.

« Au contraire, une diminution progressive, et peut-être même rapide, permettrait de perfectionner l'outillage de telle manière que de plus forts rendements fussent possibles à l'ouvrier et que la journée de huit heures fût réalisée sans sacrifices sensibles pour le budget. »

En conséquence la Commission est d'avis :

« 1° Qu'il n'y a pas lieu d'adopter la réduction immédiate et générale de la journée de travail à huit heures ;

« 2° Qu'il y a lieu de procéder à des diminutions progressives dans le sens indiqué ci-dessus. »

ROBERT DE MOUY,
conseiller d'État.

II. — NOTE DU MINISTRE DE LA GUERRE

contenant les résultats des expériences de réduction de la journée de travail dans les établissements militaires au point de vue de la production (diminution du rendement ouvrier, augmentation de la dépense).

(24 juillet 1905.)

Les établissements relevant du Ministère de la guerre peuvent se diviser en deux catégories ; ceux dans lesquels sont effectuées des fabrications ou des réparations, comme les établissements constructeurs de l'artillerie, du génie, des poudres et salpêtres, et ceux dans lesquels ne sont opérées que des manutentions, comme les établissements du service de l'habillement, des subsistances et de santé.

I. — Établissements du service de l'artillerie.

A la suite des revendications formulées par les associations ouvrières au sujet de la réduction de la journée de travail et de l'adoption en janvier 1903 de la journée de huit heures dans les établissements hors des ports du département de la Marine, le service de l'artillerie a été invité à étudier les conditions dans lesquelles pourrait s'effectuer la mise à l'essai de la journée de huit heures, en cherchant à sauvegarder le plus possible aussi bien les intérêts de l'État que ceux des ouvriers.

A. *Considérations d'après lesquelles a été mise à l'essai la journée de huit heures.* — Dans les établissements de l'artillerie, les travaux sont, en principe, payés aux pièces.

Ces travaux sont généralement exécutés sur des machines réglées d'après la nature des matières à façonner, et la production peut être considérée comme proportionnelle au temps, si l'ouvrier alimente normalement la machine qu'il est chargé de conduire.

Dans le principe, alors que la durée de la journée était de dix heures, le prix de la pièce dans les devis de fabrication était fixé d'après le nombre d'objets que la machine pouvait fournir en huit heures environ ; cette production était considérée comme un minimum assurant à l'ouvrier, pour la journée de dix heures, un salaire en rapport avec la capacité professionnelle exigée par la nature du travail. De plus, la marge de deux heures laissée à l'ouvrier lui permettait de se reposer et surtout d'augmenter plus ou moins son salaire suivant son activité, son adresse et le soin avec lequel il évitait les incidents et les pertes de temps.

Dans ces conditions, il paraissait difficile, *à priori*, d'éviter que la réduction de la journée de travail ait pour conséquence une diminution sensible de production de la part de l'ouvrier habile, le rendement normal pour lequel la machine dont il dispose a été réglée ne pouvant être dépassé. On ne pouvait, d'autre part, faire subir aux ouvriers la réduction de salaire correspondante, et, pour que l'essai fût concluant, il était indispensable de continuer à les payer aux pièces.

On a été ainsi conduit à admettre que, pendant la durée de l'essai, les devis de main-d'œuvre devraient être majorés dans une proportion à déterminer d'après les résultats de la première quinzaine qui suivrait la mise à l'essai de la journée de huit heures.

Pour le travail à la journée, on garantissait aux ouvriers leur salaire quotidien par une majoration convenable du prix de l'heure pendant la durée de l'essai.

En définitive, l'essai de la journée de huit heures a été organisé de manière à ne pas modifier le montant des salaires perçus par les ouvriers et par les ouvrières et à faire ressortir l'influence de la réduction de la journée sur le rendement :

Du travail aux pièces sur machines ;

Du travail aux pièces à la main ;

Du travail à la journée.

B. *Résultats obtenus au cours de l'essai de la journée de huit heures.* — L'essai de la journée de huit heures fut entrepris à l'atelier de construction de Tarbes, pour une période de trois mois, le 1ᵉʳ septembre 1903.

Pendant cette première période, bien que l'emploi de nouveaux aciers à outils ait permis d'augmenter le rendement des machines, bien que les ouvriers, sur lesquels reposait le succès de l'essai et qui en portaient en quelque sorte la responsabilité vis-à-vis de leurs camarades des autres établissements, aient montré la plus grande ardeur, on a constaté que la réduction de la journée de travail ne semblait pouvoir être faite que dans les limites correspondant à la suppression des temps perdus dans le régime de la journée de dix heures, toute réduction immédiate plus importante ne pouvant se faire qu'au détriment de l'ouvrier ou de l'État.

Toutefois, les résultats obtenus n'ayant pas paru suffisamment concluants, l'essai de la journée de huit heures a été poursuivi jusqu'au 1ᵉʳ juillet 1904 en continuant à accorder aux ouvriers les compléments de salaires nécessaires.

Des constatations faites au cours de cette deuxième période, il ressort nettement que la mise en pratique de la journée de huit heures entraînerait des dépenses supplémentaires importantes.

Les économies réalisées sur les combustibles, lubrifiants, etc., auraient été, d'ailleurs, largement compensées, si l'essai avait été généralisé, par les dépenses d'achat de machines qu'on aurait été entraîné à effectuer pour parer à la diminution de rendement qui aurait été la conséquence de l'adoption de la journée de huit heures.

En résumé, l'expérience entreprise et conduite avec soin à l'atelier de construction de Tarbes montre qu'il n'est pas possible de réduire brusquement de deux heures la journée de travail et de sauvegarder en même temps les intérêts des ouvriers sans entraîner une dépense notable pour l'État.

Il semble, ainsi que l'indique d'ailleurs M. le conseiller d'État de Mouy, dans son rapport du 30 octobre 1903 (*Journal officiel* du 7 novembre 1903), qu'on ne pourra arriver à la journée de huit heures que par des réductions graduées, en rapport avec l'amélioration continue de l'outillage et des procédés de fabrication.

Les considérations qui précèdent ont conduit à renoncer à prolonger l'essai de la journée de huit heures entrepris à l'atelier de Tarbes.

Essai de la journée de neuf heures. — Étant données les charges que la journée de huit heures paraît devoir créer à l'État et, pour donner satisfaction dans la mesure du possible aux desiderata exprimés par le personnel ouvrier, on avait été conduit à expérimenter la journée de neuf heures, concurremment avec l'essai de la journée de huit heures entrepris à Tarbes.

Dans tous les établissements constructeurs de l'artillerie, la journée de neuf heures fut mise à l'essai du 15 février au 1er juin 1904 dans les conditions suivantes :

a) Pour les ouvriers travaillant au devis, application stricte des devis existants préalablement, sans aucune indemnité de complément de salaire ;

b) Pour les ouvriers travaillant à la journée, majoration du 1/9 du taux du salaire horaire primitivement fixé ;

c) Suppression des repos tolérés au cours des séances de travail et des temps perdus à l'entrée et à la sortie. Toutefois, il est accordé :

Cinq minutes à l'entrée, le matin, pour la première mise en train et cinq minutes à chaque sortie pour les soins d'hygiène et de propreté, ce qui réduit à huit heures quarante-cinq la durée du travail effectif.

Ces mesures ont été étendues à tous les établissements de la Guerre, pour la période s'étendant du 31 mars au 1er juin 1904, par décision ministérielle du 8 mars 1904.

Au cours de la première période d'essai, on a constaté pour les établissements constructeurs de l'artillerie, dans lesquels les travaux exécutés au devis constituent la règle générale, que le rendement pendant la journée de neuf heures (avec huit heures quarante-cinq de travail effectif) était sensiblement équivalent, à quelques rares exceptions près, à celui de l'ancienne journée de dix heures, qui ne comportait guère que neuf heures de travail effectif. Dans les mêmes établissements, pour les travaux payés à la journée, le rendement de ceux intercalés dans les opérations faites au devis a pu être maintenu sans difficulté; pour ceux qui sont indépendants du travail au devis, un léger fléchissement dans le rendement semble avoir été constaté; mais les avis émis à ce sujet constituent plutôt une impression qu'une affirmation.

Dans les autres établissements de l'artillerie, notamment dans les directions et les dépôts de matériel, où ne s'exécutent que des travaux de manutention et d'entretien, la journée de neuf heures s'est montrée, dans certains cas, un peu moins productive que la journée de dix heures.

A la suite de cette première période d'essai, il a été décidé, le 31 mai dernier, que l'essai de la réduction à neuf heures de la journée de travail serait prolongé jusqu'à nouvel ordre dans tous les ateliers relevant du département de la Guerre.

En ce qui concerne le service de l'artillerie, la prolongation de l'essai n'a paru entraîner, jusqu'ici, aucun supplément important de dépense, surtout si l'on tient compte des légères économies réalisées sur la force motrice et l'éclairage par suite de la réduction de la journée.

II. — Établissements du service du génie.

Les seuls établissements de ce service comportant des ateliers soumis à l'essai de la journée de neuf heures sont les suivants :

Laboratoire des recherches relatives à l'aérostation militaire de Chalais-Meudon ;

Établissement central du matériel de l'aérostation militaire (à Chalais-Meudon) ;

Établissement central du matériel de la télégraphie militaire (à Paris) ;

Laboratoire des essais de ciments (à Boulogne-sur-Mer).

Ces établissements ne sont pas, à proprement parler, de véritables établissements producteurs : ils effectuent principalement des réparations de matériel, construisent quelques appareils d'étude, ou procèdent à des essais et à des expériences diverses. En raison de la nature essentiellement variable de ces travaux, il est difficile de déduire de la comptabilité des ateliers des renseignements précis ou des conclusions motivées sur les résultats obtenus dans l'application de la journée de neuf heures.

Toutefois, on peut dire, d'une manière générale, que la production n'a pas diminué, et que les dépenses correspondantes n'ont pas subi, jusqu'ici du moins, d'augmentation sensible.

III. — Établissements du service des poudres et salpêtres.

Les résultats de la mise en essai de la journée de neuf heures dans les établissements des poudres et salpêtres peuvent être résumés de la façon suivante :

Travail à la journée. — La réduction du rendement ouvrier serait, suivant les établissements, de 4 à 12 p. 100 et peut être évaluée, en moyenne, à environ 9 p. 100.

Le travail à la journée dans les établissements des poudres consiste très fréquemment dans la surveillance d'opérations mécaniques ou chimiques dont la durée ne peut être modifiée ; il est alors impossible d'augmenter le rendement horaire des ouvriers, ce qui explique la diminution du rendement journalier ci-dessus signalée.

Travail à la tâche. — Le même rendement journalier que dans la journée de dix heures s'est maintenu d'une façon presque générale, les ouvriers apportent un surcroît d'effort pour arriver au même gain journalier.

IV. — Établissements du service de l'habillement et du campement.

Dans les magasins les plus importants (Paris, Lyon, Marseille, Bordeaux, Alger) les résultats de l'expérience de la journée de neuf heures n'accusent aucune diminution du rendement ouvrier. Pour les autres, on constate une légère diminution, la production par heure de travail paraissant être restée la même qu'avec la journée de dix heures.

V. — Établissements du service des subsistances.

D'une manière générale, exception faite pour des cas spéciaux, la réduction de la journée paraît avoir eu pour résultat une diminution de rendement d'environ un dixième et une augmentation correspondante de dépense.

VI. — Établissements du service de santé.

Dans les magasins administratifs du service de santé (magasin central, pharmacie centrale, docks à Paris, et réserve de matériel et de médicaments à Marseille), il n'y a pas eu, à proprement parler, de diminution de rendement. Il est à noter que les effectifs permanents des ouvriers des magasins correspondent à la production moyenne desdits magasins et comportent nécessairement une certaine élasticité en rapport avec les variations dans l'importance du travail à produire.

Dans les hôpitaux militaires, l'expérience de la journée de neuf heures n'a pu donner de résultats concluants, les conditions du travail des couturières et des buandières variant, d'une part, avec l'effectif des malades traités, et, d'autre part, avec l'état d'usure des effets à réparer.

D'une manière générale, le rendement horaire a été supérieur à l'ancien ; mais, malgré l'application plus soutenue des ouvrières, ces dernières n'ont pu parvenir à compenser en neuf heures la perte d'une heure de travail.

III. — PLAINTES

formulées par les ouvriers de l'industrie privée contre la concurrence que leur feraient les ouvriers de la Guerre après leur journée de travail accomplie dans les établissements de l'État.

(Extrait de la note précédente.)

L'Administration de la guerre a été saisie à deux reprises différentes, au mois de mai et au mois de juillet 1904, de réclamations émanant de groupements syndicaux étrangers au service de l'État contre des ouvriers de l'atelier de construction de Rennes qui exécutaient pour le compte de particuliers des travaux de leur profession en dehors des séances de travail effectuées dans l'établissement ; l'une des réclamations provenait de la Chambre syndicale des ouvriers couvreurs et de la Chambre syndicale des entrepreneurs de travaux de bâtiment de la ville de Rennes, l'autre de la Chambre syndicale des ouvriers menuisiers et ébénistes de la même ville.

Consulté sur la suite qu'il convenait de donner à ces réclamations, M. le Ministre du commerce a fait connaître, par dépêche du 12 août et du 1er octobre 1904, que les pétitionnaires ne pouvaient avoir d'autre recours que de faire assujettir à la patente ceux des ouvriers dont il s'agit qui travailleraient pour le compte de particuliers en se faisant aider de compagnons ou d'apprentis. C'est en ce sens qu'il a été répondu aux intéressés, et, depuis lors, aucune nouvelle réclamation de leur part n'a été présentée.

Deux ou trois plaintes ont été faites contre certains ouvriers d'art des poudreries de Saint-Médard et d'Angoulême qui travaillaient pour des particuliers ou pour leur propre compte après le travail à l'établissement.

En ce qui concerne la poudrerie de Saint-Médard, les ouvriers qui se livraient à ces travaux y ayant renoncé, les difficultés ont été aplanies et aucune plainte du même genre ne s'est renouvelée.

Quant à la poudrerie d'Angoulême, aux plaintes formulées en 1904 par des jardiniers habitant les communes voisines de l'établissement, il a été répondu par l'intermédiaire du préfet de la Charente, que l'Administration de la guerre n'a aucun droit d'intervenir pour faire cesser les faits signalés qui se produisent hors de la poudrerie et ne causent aucun préjudice au service de l'établissement.

Depuis cette époque, une délégation du Syndicat des patrons d'Angoulême est venue protester auprès du directeur de la poudrerie contre la concurrence faite aux petits entrepreneurs par les ouvriers d'art de cet établissement. Le président du Syndicat, mis au courant de cette plainte, a fait connaître que la question qui concernait également les ouvriers de la fonderie de Ruelle avait déjà été portée devant le Ministre de la marine et serait ultérieurement soumise au Ministre de la guerre. Jusqu'à présent, l'Administration de la guerre n'a pas encore été saisie de cette question.

ANNEXES.

—

I

LA JOURNÉE DE NEUF HEURES

DANS LES ÉTABLISSEMENTS INDUSTRIELS DE L'ÉTAT.

La journée de neuf heures existe, en ce qui concerne les établissements industriels de l'État :

1° A la Manufacture de Sèvres (180 personnes environ employées) ;
2° Dans les établissements de la Guerre, comme on l'a vu ;
3° A l'Imprimerie nationale ;
4° Dans les manufactures de tabacs et les manufactures d'allumettes ;
5° Dans les ateliers de la Monnaie.

Nous donnons ci-dessus quelques indications sur les conditions dans lesquelles le personnel de l'Imprimerie nationale, celui des manufactures de tabacs, celui des manufactures d'allumettes et celui de l'Administration des monnaies et médailles ont été appelés à bénéficier de la limitation de la journée de travail à neuf heures.

IMPRIMERIE NATIONALE (1).

Par décision du Garde des sceaux, ministre de la justice, en date du 8 avril 1904 et applicable le 10 du même mois, la journée de travail des ouvriers de l'Imprimerie nationale a été réduite de dix à neuf heures.

Des mesures ont été prises pour que les ouvriers, au nombre d'environ 1,350, ne souffrent d'aucune réduction de salaire par suite de la diminution des heures de travail. Les ouvriers qui travaillaient *en conscience*, c'est-à-dire à la journée, ont continué à toucher le même salaire quotidien. Pour les ouvriers employés aux pièces, les tarifs ont été augmentés d'un neuvième.

MANUFACTURES DE TABACS ET MANUFACTURES D'ALLUMETTES.

Le 6 juillet 1905, M. Merlou, ministre des finances, a présenté un projet de loi «portant ouverture de crédits supplémentaires au titre de l'exercice 1905 et ayant pour objet la réduction de la journée de travail dans les manufactures de l'État.» L'exposé des motifs du projet débutait ainsi :

Lors de la discussion de la dernière loi de finances, le Gouvernement avait

---

(1) *Bulletin de l'Office du travail*, 1904, page 325.

pris devant la Chambre l'engagement d'examiner les conditions dans lesquelles pourrait être réduite la durée du travail dans les manufactures de l'État.

L'enquête à laquelle il a été procédé nous permet de proposer au Parlement de ramener de dix heures à neuf heures la durée d'ouverture des ateliers à partir du 1er novembre prochain. Ces neuf heures de présence correspondront assez sensiblement à huit heures de travail effectif.

Les crédits supplémentaires demandés s'élevaient à 508,200 francs, dont 250,000 francs pour le matériel, 175,000 francs pour achats et transports, 80,000 francs pour payes et salaires, et 3,200 francs pour pensions de retraites des préposés et des ouvriers.

Le projet de loi fut adopté, après déclaration d'urgence, par la Chambre des députés dans sa séance du 12 juillet 1905. Au Sénat l'extrême urgence fut déclarée le 13 novembre; la discussion et l'adoption eut lieu le lendemain. Au début de la séance, M. Rouvier, président du conseil, indiqua dans les termes suivants les droits respectifs que possèdent, à son avis, le Gouvernement et le Parlement en ce qui concerne la réduction de la durée du travail dans les établissements industriels de l'État:

Jusqu'ici on avait vu les membres du Gouvernement, que je n'ai pas à juger en tant que ministre, mais sur lesquels je peux avoir une opinion en tant que comme membre du Parlement et comme vieux parlementaire, on voyait, dis-je, des ministres, pressés par les revendications ouvrières, prendre sur eux de déterminer par un simple arrêté ou par un simple décret, la réduction de la journée de travail, et par là même imposer au budget des charges que le législateur a seul le droit d'établir. J'ai dès longtemps proclamé, je ne sais si c'est à la tribune du Sénat ou à celle de la Chambre des députés, les principes que l'honorable M. Antonin Dubost proclame aujourd'hui (1). Je professe, en effet, que les ministres n'ont pas ce droit; ils doivent d'abord saisir le Parlement. C'est peut-être la première fois, Messieurs, qu'une telle question se présente dans les conditions respectueuses du droit du Parlement que je viens de rappeler.

---

(1) M. Antonin Dubost, rapporteur du projet de loi au Sénat, a reproduit dans son rapport les déclarations suivantes faites le 28 février 1905, à la Chambre des députés, par M. Rouvier, président du conseil, ministre des finances :

« Quand un ministre veut augmenter les salaires, il faut d'abord que les Chambres l'y autorisent en votant un crédit tout au moins de principe.

« Certaines administrations publiques n'ont pas procédé ainsi : des ministres ont décidé que la journée serait réduite à huit heures; et des législateurs bénévoles, pleins de bonne volonté et de confiance, ayant des vues très larges sur les rapports qui doivent exister entre le Parlement et le pouvoir exécutif, ont sanctionné ces dispositions. C'est fort heureux pour ces ministres; mais moi, jamais je ne m'arrogerai le droit, le pouvoir, par un acte de ma volonté propre, d'augmenter les dépenses de l'État.

« Le jour où je croirai possible de régler définitivement la question, je déposerai une demande de crédits sur le bureau de la Chambre des députés. Vous verrez alors, Messieurs, si ma proposition est suffisante, vous l'envisagerez sous tous ses aspects et dans toute son ampleur ; mais, je tiens à le redire encore une fois, je ne consentirai jamais, par un acte personnel, à résoudre une question qui est du domaine du Parlement, puisqu'elle ne peut être tranchée que par un subside voté par le Parlement lui-même. »

La loi fut promulguée le 14 novembre 1905, et la journée de travail réduite à neuf heures à partir du 16 décembre (1).

Des augmentations de crédits, dont le total s'élève à 1,968.380 francs, ont été prévues au budget de 1906 (loi de finances du 17 avril 1906) pour parer aux répercussions de la réduction de la journée de travail dans les manufactures de tabacs et d'allumettes.

L'Administration a admis que la réduction de 1/10ᵉ de la journée du travail entraînerait, d'une part, une diminution de production exactement proportionnelle, et, d'autre part, une diminution également proportionnelle du salaire journalier pour les ouvriers et ouvrières payés aux pièces, qui forment la grande majorité du personnel des manufactures, si ces ouvriers continuaient à être payés au même tarif.

Or, ni la production, ni les salaires ne devaient souffrir de la réduction de la durée du travail.

Pour éviter toute répercussion sur les salaires journaliers, toutes les bases servant à la rémunération de la main-d'œuvre ont été majorées de 10 p. 100.

Pour obtenir, d'autre part, le maintien de la production au taux antérieur, l'Administration a eu recours à plusieurs moyens.

Tabacs. — En ce qui concerne les manufactures de tabacs, deux sortes de mesures ont été proposées par l'Administration.

En premier lieu, l'augmentation du personnel. La production horaire des ouvriers étant supposée la même, le renforcement de la consistance du personnel ouvrier dans la proportion de 10 p. 100 s'imposait en effet pour compenser la réduction de 10 p. 100 de la journée de travail. La dépense totale en salaires ayant été en 1901 de 16,390,800 francs pour le personnel employé avec la journée de dix heures, il faudrait, prévoir, de ce fait, une augmentation, en chiffre ronds, de 1,600,000 francs. Mais l'Administration possédant un stock de cigares qui lui permettait de laisser sans inconvénients la confection de ces produits descendre pendant quelque temps au-dessous de la normale, l'augmentation de 10 p. 100 du nombre des cigarières ne s'imposait pas dès 1906. L'Administration a donc proposé, et le Parlement a accepté, de ne porter en 1906 que la moitié de l'excédent prévu, soit 800,000 francs.

Toutefois, l'augmentation de 1/10 du personnel ne serait pas encore suffisante pour maintenir la production au taux antérieur, même en utilisant le plus complètement possible le matériel existant et en montant des appareils de renfort dans les locaux susceptibles de recevoir des compléments d'installation. D'après les prévisions de l'Administration, les manufactures, avec ces additions, n'obtiendraient encore qu'une fabrication de scaferlatis inférieure de plus de 200,000 kilogrammes aux expéditions de 1904. En outre, on se trouverait en présence d'ateliers encombrés par des installations supplémentaires, d'un matériel utilisé à son extrême limite de puissance, c'est à-dire rapidement surmené.

Pour faire face à cette situation, l'Administration a proposé deux mesures ;

1° L'adaptation à la fabrication des scaferlatis des locaux de la 2ᵉ section actuellement affectés à celle de la poudre à priser, dans la manufacture de Toulouse ;

2° La reconstruction, avec agrandissement, sur un terrain appartenant à l'État, de la manufacture de Lyon.

Le Parlement a admis la première de ces mesures, qui entraîne une dépense totale de 400,000 francs, dont 100,000 francs imputables sur 1905 et le surplus

_____

(1) *Bulletin de l'Office du travail,* juin 1906.

sur le budget de 1906, à savoir 200,000 francs sur le chapitre 98 (matériel) et 100,000 francs sur le chapitre 99 (bâtiments).

Quant à la reconstruction de la manufacture de Lyon, la Commission du budget de la Chambre des députés a estimé que le projet devait être ajourné, la dépense qu'il doit entraîner étant excessive. D'autre part, il lui a semblé prudent d'attendre le résultat de l'application de la journée de neuf heures pour se rendre compte du déficit qu'elle doit entraîner dans le rendement des manufactures. Les présomptions peuvent, en effet, être erronées, et de nouvelles dispositions peuvent être prises en vue de l'augmentation de la production dans les manufactures existantes. La proposition, ajournée par la Chambre des députés, n'a pas été reprise par l'Administration devant le Sénat.

Allumettes. — Dans les manufactures d'allumettes, en raison de l'extension projetée de la fabrication mécanique des allumettes, le renforcement de la consistance du personnel n'a pas été nécessaire.

L'Administration s'est bornée à proposer l'installation à Aix de 16 machines à fabrication continue du système Sévène-Cahen. Elle estime, en effet, s'appuyant sur les résultats obtenus à la manufactures d'Aubervilliers (1), que ces machines permettront, avec la journée réduite et sans augmentation du prix de revient, de porter à 9 milliards d'allumettes la production annuelle de cet établissement, qui n'en fabrique actuellement que 3 milliards 250 millions; ce qui compenserait largement la diminution de production résultant de la réduction de la durée du travail. L'installation des seize machines S.-C. à la manufacture d'Aix entraînerait la construction de nouveaux ateliers et nécessiterait une dépense totale de 1,100,000 francs, dont 500,000 francs pour les constructions nouvelles. La consistance du personnel resterait sensiblement la même. La dépense serait répartie sur plusieurs exercices.

La proposition de l'Administration ayant été adoptée par le Parlement, il a été inscrit à cet effet, au budget de 1906, un crédit supplémentaire de 200,000 francs au chapitre du matériel, et un autre de même somme au chapitre des constructions nouvelles.

En attendant l'installation des machines S.-C. à la manufacture d'Aix, le Parlement a accepté la proposition de l'Administration de parer provisoirement par des achats à l'étranger à la diminution de production résultant de la journée de neuf heures, diminution qui est évaluée à plus de 3 milliards d'allumettes par an. Un crédit supplémentaire de 553,500 francs a été inscrit de ce chef au chapitre des achats et transports. Par contre, le fléchissement de la production entraînera une économie de fournitures diverses (papiers, cartonnages, colles fortes, produits chimiques, caisses d'emballage, etc.), qui a été évaluée par les services compétents à 85,120 francs, et dont il a été tenu compte au chapitre du matériel.

ADMINISTRATION DES MONNAIES ET MÉDAILLES (2).

La loi du 14 novembre 1905, portant ouverture de crédits supplémentaires ayant pour objet la réduction de la journée de travail dans les manufactures de l'État, ne

---

(1) La manufacture d'Aubervilliers a été récemment reconstruite avec un outillage total de 16 machines S.-C. Le coût moyen, en salaires, du milliard d'allumettes fabriqué avec ces machines en 1905 est ressorti à 38 francs environ; le coût correspondant est de 80 francs à l'usine de Pantin.

(2) *Bulletin de l'Office du travail,* juin 1906.

s'appliquait qu'aux manufactures de tabacs et d'allumettes. Les ouvriers de l'Administration des monnaies et médailles ne bénéficiaient pas de cette résolution (1).

C'est la loi du 20 décembre 1905, portant ouverture sur l'exercice de 1906 des crédits provisoires applicables aux mois de janvier et de février 1906, qui a permis d'étendre la journée de neuf heures aux ouvriers des Monnaies et médailles. Le rapport fait au nom de la Commission du budget de la Chambre des députés sur le projet présenté par le Gouvernement s'exprimait ainsi à ce sujet (2) :

« Les crédits de salaires de l'Administration des Monnaies et médailles ont été majorés de 1/10e en vue de l'extension à ses ateliers de la journée de neuf heures, récemment autorisée par le Parlement pour les ouvriers des manufactures de l'État, extension prévue d'ailleurs dans les chiffres que nous vous proposons d'adopter pour le budget de 1906 ».

En exécution de loi du 20 décembre 1905, la journée de neuf heures a été appliquée aux ouvriers des Monnaies et médailles à partir du 2 janvier 1906.

Avant le 2 janvier 1906, la durée de la journée rétribuée était, à la Monnaie, de dix heures. Mais, en fait, la durée du travail effectif ne dépassait pas neuf heures vingt. Il fallait déduire, en effet, des dix heures de présence les délais extrêmes de retard de dix minutes aux entrées du matin et de l'après-midi, et les dix minutes données aux ouvriers avant la sortie pour se nettoyer et s'habiller. Depuis le 2 janvier 1906, la journée rétribuée est de neuf heures, et la journée de travail de huit heures vingt.

Pour empêcher toute répercussion sur les salaires, le taux du salaire par heure de tous les ouvriers a été majoré de 1/10e. Ainsi le salaire par heure des mécaniciens, qui allait de 0 fr. 65 à 0 fr. 85, va maintenant de 0 fr. 723 à 0 fr. 945. La somme de salaires payée pour neuf heures est la même que pour dix heures, mais, lorsqu'il y a des heures de travail supplémentaires, ces heures sont décomptées à 0 fr. 723 au lieu de 0 fr. 65 ou à 0 fr. 945 au lieu de 0 fr. 85. Même observation pour les ouvriers autres que de métier, qui reçoivent par jour de 5 francs à 6 fr. 50 et, par heure, de 0 fr. 556 à 0 fr. 723, au lieu de 0 fr. 50 et 0 fr. 65.

Le taux du salaire à l'heure étant majoré de 1/10e, le Gouvernement a jugé nécessaire de demander un crédit de salaires également majoré de 1/10e, pour le cas où le rendement horaire du travail ne serait pas augmenté.

Le chapitre 6 (salaires) du budget de l'Administration des monnaies et médailles a été, en conséquence, majoré de 28,920 francs pour l'exercice 1906.

Y a-t-il lieu de s'attendre à une réduction de la production proportionnelle à la diminution de la durée du travail ?

Le Syndicat des ouvriers des monnaies et médailles, qui avait réclamé depuis longtemps la réduction de la journée de travail, a pris, il est vrai, l'engagement de fournir dans la journée réduite la même quantité de travail que précédemment.

Mais l'Administration a la conviction que les ouvriers d'art et de métier ne pourront pas augmenter leur production horaire dans une proportion aussi forte, et, tout en estimant que les autres ouvriers pourraient rigoureusement produire autant en neuf heures qu'en dix, elle n'est pas certaine que ce résultat puisse être obtenu.

Après dix semaines d'expérience de la journée de neuf heures, voici, d'après le rapporteur au Sénat du budget des Monnaies et médailles, les constatations faites

(1) Bulletin de l'Office du travail, décembre 1905.
(2) Rapport de M. Pierre Baudin (Chambre des députés, doc. parl. 1905, session extraordinaire, p. 432).

5

par l'Administration, ainsi que l'indication des mesures qu'elle proposait de prendre pour maintenir la production au niveau antérieur (1) :

« L'Administration est obligée de renforcer immédiatement l'atelier des machines et de l'entretien. Elle pense que la même mesure s'imposera à l'atelier de la gravure si les commandes de coins y sont aussi importantes et pressées que l'an dernier. Au total, il faudra recruter cinq ou peut-être même six mécaniciens ou graveurs. Au salaire moyen de 7 fr. 41 par jour, la dépense est de 2,223 francs par an, soit de 11,000 à 13,000 francs par an.

« Pour les ouvriers ordinaires, le nombre de ceux qui sont affectés au service des travaux pourra peut-être suffire. Mais les constatations n'ont pu être faites que pour les coupures monétaires actuellement en fabrication. D'un autre côté, le rendement unitaire des presses est moindre à l'atelier de monnayage, tout au moins pour une coupure. A l'atelier de vérification, le débit des balances automatiques et le sonnage de l'or sont réduits. On ne peut encore affirmer qu'il n'en sera pas de même pour d'autres tâches. Le salaire de début des ouvriers ordinaires est de 5 francs par jour ou 1,500 francs par an. Il ne faudrait que seize ouvriers de plus pour absorber ce qui restera disponible sur la majoration du crédit, après le recrutement de six ouvriers de métier. »

L'Administration ajoutait :

« Toutes les appréciations qui peuvent être tentées ont nécessairement à l'heure actuelle un caractère conjectural. C'est seulement à la fin de l'année que l'on pourra porter un jugement sur les conséquences budgétaires de la réduction de la journée de travail. »

II. — PROPOSITION DE LOI (2)

tendant à l'établissement de la journée de huit heures et d'un salaire minimum pour tous les ouvriers, ouvrières, employés et employées des travaux, emplois et services de l'État.

(Renvoyée à la Commission du travail.)

Présentée par MM. Édouard VAILLANT, ALLARD, BOUVERI, CHAUVIÈRE, Paul CONSTANS (Allier), Jules COUTANT (Seine), DEJEANTE, Jacques DUFOUR, DELORY, PIGER, Marcel SEMBAT, THIVRIER, WALTER, députés.

Exposé des motifs.

MESSIEURS,

Les conditions des services et travaux publics sont différentes de celles des services et des travaux privés.

L'industriel, l'entrepreneur, le producteur capitaliste n'ont qu'un but : le profit ; et pour l'atteindre, stimulés par la concurrence, ils recherchent toutes les économies possibles des dépenses de production. La force de travail, le

---

(1) Rapport de M. Ernest Boulanger (Sénat, doc. parl. n° 138, session extraordinaire de 1906, p. 479).

(2) Chambre des députés, n° 2198, annexe au procès-verbal de la séance du 13 janvier 1905.

travailleur, est pressuré, exploité par eux sans autres limites que celles de la résistance ouvrière et de la loi.

Le service de l'État et de la commune, aux mains des entreprises privées, est géré par elles, à leur profit. Leurs insuffisances, les contradictions insolubles de l'intérêt public et de l'intérêt privé, la nécessité croissante avec l'importance du service que ce service public soit avant tout géré dans l'intérêt du public donnent naissance et développement à la régie directe.

Elle prend possession, dans l'État, de tous les services politiques, puis peu à peu des postes et télégraphes, des communications, transports et travaux nationaux, départementaux et communaux. Mais, succédant à l'entreprise privée et la remplaçant, elle l'imite routinièrement, longtemps et même aujourd'hui, pour l'économie des dépenses ; ses serviteurs et fonctionnaires ouvriers sont misérablement rétribués.

Il a fallu tout l'effort d'une organisation syndicale commençante donnant enfin quelque force aux revendications des ouvriers et employés de l'État et des communes pour améliorer un peu leur situation et en même temps faire comprendre de plus en plus, qu'au contraire du service privé, le service public, fût-il encore confié à des particuliers, doit être exclusivement géré dans l'intérêt public et pour un maximum d'effectivité.

Si le service public, géré par l'État, la commune ou leur mandataire, a pour premier objet la satisfaction entière du besoin public auquel il doit pourvoir, il n'en est pas moins certain que, dans l'intérêt public aussi, les frais de production doivent être réduits dans la mesure où leur réduction ne compromet ni la valeur du service, ni le rôle de l'État ou de la commune.

Parmi ces frais de production, tous ceux qui ressortent du capital constant, c'est-à-dire de la matière et des moyens de production et de leur agencement, tous ceux qui sont réduits par des procédés plus exacts, des inventions nouvelles, sont aussi bien de mise pour l'État que pour le particulier. Mais, tandis que le particulier, quêtant le profit, cherche la force de travail qui lui coûte le moins, préférant l'enfant et la femme à l'homme, les salaires bas aux salaires élevés, quelles qu'en puissent être les conséquences, l'État, représentant, en ce cas, de la collectivité nationale, comme la commune de la collectivité communale, ne peut sans altérer sa fonction servir cette collectivité aux dépens et par le dommage d'une fraction de cette même collectivité, de celle dont il est le plus responsable puisqu'il l'emploie, de celle qui est formée de ses employés et ouvriers.

C'est ce que reconnaissait, entre autres, M. Ribot, ministre, déclarant, dans un discours dont la Chambre a voté l'affichage en 1896, que l'État devait se montrer patron modèle. C'est ce que, mieux encore, reconnaissent de plus en plus, la pratique et la loi des pays économiquement les plus avancés, donnant progressivement satisfaction aux deux revendications immédiates essentielles de la classe ouvrière : la journée de huit heures et le salaire minimum. La France ne suit que lentement cet exemple.

Au premier dépôt de cette proposition, en 1894, nous citions les succès de la journée de huit heures dans l'industrie privée, aux États-Unis, en Angleterre, en Australie.

Là aussi, comme nous voudrions le voir réaliser ici par votre volonté,

c'était l'État qui avait pris l'initiative, donné l'exemple, l'impulsion nécessaire.

Je résume les faits exposés en notre première proposition et les complète
par les plus caractéristiques des faits ultérieurs.

Aux États-Unis, la loi du 25 juin 1868 établit la journée de huit heures
dans les ateliers et chantiers fédéraux. L'application de la loi donna d'abord
lieu à quelques incertitudes ; et il se trouva des directeurs administratifs qui,
prétextant de la réduction de la durée du travail pour réduire les salaires, en
annulaient ainsi l'effet. Pour mettre fin à ces abus, le 21 mai 1869, par une
instruction officielle, le Président Grant ordonna « qu'aucune réduction de
salaires ne devait résulter de la réduction des heures de travail à huit heures
par jour. »

Cette loi a été depuis confirmée et incorporée aux statuts constitutionnels
revisés de 1878, sous le titre 33, section 3738 : « Heures de travail. Travaux
publics », et ainsi formulée : « Pour tous journaliers et ouvriers employés par
ou pour le Gouvernement des États-Unis, huit heures constitueront une
journée de travail. »

Les employés, dont, comme en France, le travail était moindre, n'étaient
pas visés ; aussi fallut-il une loi spéciale pour les employés des postes, qui
n'étaient pas dans ce cas ; ce fut la loi inscrite au chapitre 308 des actes de
1887-1888 : « Heures de travail. Facteurs des postes » : « Désormais huit heures
de travail constitueront une journée de travail pour les facteurs des postes
des cités et de leurs districts postaux, et ils recevront, pour cette durée de
travail, le même salaire qu'ils reçoivent actuellement pour le travail d'une
journée d'un plus grand nombre d'heures. Si un facteur était employé plus
de huit heures dans une journée, il devrait recevoir un salaire supplémentaire,
en rapport avec le salaire actuellement déterminé par la loi. »

Tous les États de l'Union ont, les uns après les autres, suivi cet exemple
fédéral et réduit, sans diminution de salaires, à huit heures, le travail journalier de leurs travaux et services publics. Il suffira de citer une de ces lois
particulières aux États, celle de l'État de New-York telle qu'elle est inscrite
dans les statuts de cet État, revisés en 1881 :

Section 1. — « Huit heures constitueront la journée légale de travail pour
toutes les classes de journaliers et ouvriers, excepté ceux occupés au travail
agricole ou au travail domestique : mais un travail supplémentaire, moyen-
nant une compensation supplémentaire convenue, est permis. »

Section 2. — « Cet acte s'applique à tous journaliers et ouvriers actuellement ou ultérieurement employés par l'État, ou toute municipalité comprise
dans l'État, soit directement par ses agents et administrateurs, soit par l'intermédiaire de personnes ayant fait contrat avec l'État ou les municipalités
pour l'exécution de travaux publics. »

Section 3. — « Tout agent ou administrateur de l'État ou d'une de ses municipalités qui, ouvertement, violerait ou, de toute autre façon, chercherait à
éluder les dispositions de cet acte, serait tenu pour coupable de malfaisance
dans son emploi et sujet à suspension ou destitution de la part du gouverneur
ou du chef de l'administration à laquelle il est attaché. »

Section 4. — « Là où les parties contractantes envers l'État ou une de ses municipalités manqueraient d'exécuter ou secrètement éluderaient ces dispositions en exigeant ou demandant plus d'heures de travail qui n'est ici déterminé pour le salaire convenu de la journée, elles seront tenues pour coupables de délit et punies d'une amende qui ne pourra être moindre que cent dollars et ne pourra excéder cinq cents dollars et, en outre, suivant la décision de l'État, pourront perdre leur droit au contrat. »

Cette dernière clause pénale ayant été contestée par la Cour d'appel comme contraire à la constitution de l'État, un amendement à la constitution a été voté par les deux dernières législatures.

Grâce à l'effort syndical, secondé par ces lois, le succès de la journée de huit heures procède rapidement. Il est déjà marqué par des lois plus caractéristiques encore de ce progrès, telles que celles qui, dans les États de Californie, Connecticut, Illinois, Indiana, Missouri, Montana, New-York, Ohio, Pensylvania et Wisconsin, déclarent « journée légale » la journée de huit heures toutes les fois qu'un agrément différent, entre employeur et employé, n'en aura pas disposé autrement.

En outre, dans les industries où l'ouvrier est exposé à des dangers particuliers et dans les mines, la loi est intervenue. C'est ainsi que les États d'Arizona, Colorado, Missouri, Montana, Nevada, Utah, et le territoire du Wyoming limitent à huit heures le travail journalier des mines.

En Angleterre, le succès des huit heures, venu plus tardivement, se poursuit par l'irrésistible action du prolétariat d'un peuple dont l'intrépide courage ne connaît pas de recul. Et en même temps, avec plus de succès encore, il inscrit dans les lois de l'État et les règlements et cahiers des charges des communes son droit au « juste salaire », au « salaire de vie ou d'existence », dont le premier il a eu la claire notion et volonté. Le premier il a ouvert la voie de la production capitaliste et de la législation ouvrière où nous le suivons à pas lents.

Dès le 31 mai 1893, à la veille des élections, le chef des libéraux, Gladstone, s'était déclaré favorable au mouvement prolétaire des huit heures. Et le 5 janvier 1894, à la Chambre des communes, M. Campbell-Bannerman, secrétaire d'État, pour le département de la Guerre, du gouvernement libéral de lord Rosebery, répondait au citoyen John Burns :

« J'ai donné tous mes soins à l'étude de la question de la réduction des heures de travail dans les ateliers militaires, sur laquelle mon honorable ami, d'autres membres du Parlement et des délégations ouvrières avaient appelé mon attention. Le résultat de mon enquête a été de me convaincre, ainsi que mes collègues, que les conditions et circonstances de la fabrication, ainsi que la nature du travail de ces ateliers, sont telles qu'il est possible d'y réduire la durée du travail à huit heures par jour et à quarante-huit heures par semaine, à l'avantage commun du service public d'une part, et des ouvriers d'autre part. Je donnerai les instructions nécessaires pour que ce changement soit opéré, aussitôt que les arrangements nécessaires à cet effet auront pu être pris. J'ajouterai que, pour ce changement, je compte sur le concours cordial de tous les ouvriers à qui, j'en ai confiance, il sera de grand avantage. »

C'était, en effet, à la réclamation et sous la pression ouvrière qu'avait été faite l'enquête ci-dessus mentionnée, portant sur les fabriques où des objets semblables à ceux des ateliers de l'État étaient fabriqués et réparés, et où se faisait alors l'essai de réduction de la journée de travail à huit heures.

En outre, une expérimentation directe était instituée à l'arsenal et à la fabrique d'armes de Woolwich. Elle donnait, non moins que celle de l'industrie privée, des résultats favorables, montrant que la légère élévation des salaires qui en était la conséquence, était plus que compensée, pour l'État, par l'économie de charbon et de gaz et d'usure des machines et du matériel.

Aussi, peu après M. Campbell-Bannerman, le comte Spencer, premier lord de l'Amirauté, déclare, à son tour, que le Gouvernement a décidé de réaliser la journée de huit heures dans les arsenaux de la Marine comme dans les arsenaux de la Guerre.

C'est dans les ateliers d'équipement de Pimlico, le 1er février 1894, que la réduction à huit heures de la journée et à quarante-huit heures de la semaine de travail dans les ateliers et chantiers de l'État, a tout d'abord été appliquée. Elle a été peu à peu ensuite généralisée.

Dans le nouveau système, aucune personne employée à la journée ou à l'heure ne subit de diminution de salaire par suite de la réduction de la durée du travail.

On a pu constater la facilité avec laquelle s'est établie l'organisation nouvelle du travail, en rapport avec sa nature et les circonstances, après consultation des ouvriers et entente avec eux. Ainsi, à Woolwich, où le travail en plein air des chantiers ne peut avoir lieu qu'à la lumière du jour, on a dû diviser l'année en deux périodes, de telle sorte que, dans l'une comme dans l'autre, la durée du travail hebdomadaire restant de quarante-huit heures, le travail quotidien fût terminé avant la chute du jour.

La durée du repos est d'une heure et demie toute l'année.

Par le fait de leurs fonctions spéciales, des exceptions ont du être prévues pour les chauffeurs, mécaniciens, etc.; mais, s'ils sont employés plus longtemps que les heures fixées, ils reçoivent un payement supplémentaire.

« Le moment de la fin du travail, disait le nouveau règlement, sera toujours compté comme étant celui où l'ouvrier quitte le lieu de son travail, navire, atelier, etc. Le moment du commencement du travail est celui du dépôt de son billet, par l'ouvrier, dans une boîte à billets placée aussi près que possible de sa place de travail.

« Dans le cas où tous les ouvriers et toutes les ouvrières sont payés à la journée, personne ne recevra, pour un travail de quarante-huit heures par semaine, un salaire inférieur à celui qu'il a reçu jusqu'ici pour un travail moyen de cinquante heures un tiers et cinquante et une heures.

« Les prix déterminés pour le travail aux pièces ne seront pas augmentés par suite de la réduction des heures de travail.

« Le taux du travail journalier (servant à calculer le payement des jours fériés, les indemnités d'accidents, les gratifications, les retraites des personnes travaillant aux pièces) sera élevé de façon à donner pour la semaine de quarante-huit heures le même taux de salaires que pour la semaine antérieure de cinquante heures un tiers..... »

Ainsi que, répondant à une députation de la majorité progressiste du Conseil de comté de Londres, lord Rosebery le reconnaissait de nouveau, les réformes du travail à Londres étaient un modèle à imiter pour l'État anglais.

C'est le 3 mars 1889 que le Conseil de comté de Londres vota, sous sa première forme, sa fameuse « clause des salaires », des « justes salaires » ou salaires syndicaux, mieux précisée le 27 mai 1892, par laquelle les salaires et la durée du travail, que les syndicats avaient pu établir et réaliser, devenaient obligatoires pour ses travaux, tant en régie qu'à l'entreprise. Tous les entrepreneurs sont tenus de signer la déclaration : « Qu'ils observent la durée du travail et payent les salaires ouvriers établis par les syndicats ouvriers dans la localité où l'entreprise est exécutée. Cette durée et ces salaires du travail sont insérés dans le contrat et en font partie intégrante, de telle sorte que des pénalités puissent être appliquées à toute infraction à la convention. »

Pour les métiers à qui l'organisation syndicale fait défaut, le Conseil votait, le 21 décembre 1893, cette disposition additionnelle : « Où il n'y a pas de syndicat pour déterminer le minimum de salaire du métier, c'est le Conseil lui-même qui doit déterminer, suivant le taux reconnu et courant, le minimum des salaires et le maximum des heures de travail, et toutes conditions à observer. »

Ces règles, appliquées d'abord aux travaux de terrassement et de voirie, furent bientôt étendues à tous les travaux ainsi qu'aux fournitures de matériel et de marchandises, pour lesquelles aussi le marchandage était interdit.

Concurremment s'étaient élevés les salaires et avait diminué la durée du travail des ouvriers et employés des services municipaux, tenus désormais, sous peine d'être congédiés, de ne faire aucun travail extérieur. Pour nombre d'entre eux, la journée est de huit heures et la semaine de quarante-huit heures. Pour les ouvriers non qualifiés, au travail de manœuvre, le salaire minimum est de 0 fr. 65 par heure pour les hommes et de 22 fr. 65 par semaine pour les femmes, telles que les gardiennes de lavatories. La moitié du salaire est payée en cas de maladie. Et, outre le repos habituel du dimanche, il y a sept jours de congé payés par an.

De son côté, le 13 juin 1891, la Chambre des communes votait, sur la motion de M. Sydney Buxton : « Que, dans l'opinion de cette Chambre, le devoir du Gouvernement, dans tous ses contrats, est de prendre des garanties contre les maux qui ont été récemment dévoilés devant la commission du marchandage, d'y insérer des conditions qui empêchent les abus résultant des sous-traitants et de faire tous les efforts utiles pour assurer le payement des salaires au taux accepté, comme courant, dans chaque métier, par les ouvriers compétents. » (*Fair wages resolution.*)

Cette action concordante de l'État et des communes — car presque toutes les communes urbaines ont marché et marchent sur les traces de Londres — a condamné le marchandage, relevé le salaire au tarif syndical, favorisé la journée de huit heures et donné à la régie directe une impulsion extraordinaire.

Ce ne sont pas seulement les municipalités qui concentrent entre leurs mains et gèrent de plus en plus tous leurs services, au grand avantage des services et des ouvriers qu'ils emploient ; ce sont aussi les grandes compagnies qui, elles aussi, éliminent les intermédiaires coûteux et centralisent leur activité pour une économie certaine.

Sans insister sur les conditions du travail en Australasie, où la journée de huit heures est à Victoria et dans l'Australie du Sud, comme elle est en Nouvelle-Zélande, la règle de la production privée et publique, il suffit de citer la loi du 16 août 1900, en Nouvelle-Zélande, concernant le minimum de salaire et les heures de travail dans les marchés publics :

« ART. 3. — Lorsqu'il sera fait emploi de toute espèce de travail manuel, qualifié ou non, pour l'exécution d'un marché public, l'entrepreneur sera considéré, en tout temps, comme ayant convenu avec ses ouvriers d'observer la durée de la journée de travail et de payer la quotité du salaire considéré, dans la contrée, comme usuel et juste.....

« Toutefois, rien ne mettra obstacle aux droits de l'ouvrier dans toute convention passée avec l'entrepreneur en vue de la fixation de journées plus courtes ou de rémunérations plus élevées.

« ART. 4. — Dans tout marché public, la durée maximum de la journée de travail à laquelle il faudra se conformer pour toute espèce de travail manuel, qualifié ou non, que l'entrepreneur emploiera pour l'exécution de son contrat, ne pourra excéder huit heures, à l'exclusion des heures supplémentaires de travail.

« ART. 5. — Les dispositions précédentes de la présente loi seront considérées comme faisant corps avec les dispositions de tout marché public.

« ART. 6. — Aucun ouvrier ne pourra passer un contrat en vue de se soustraire au bénéfice de la présente loi.

« ART. 7. — Si l'entrepreneur se rend coupable d'une infraction aux dispositions de la présente loi, outre les pénalités et les responsabilités qui peuvent lui être imposées en vertu du contrat ou de la présente loi, il sera passible d'une amende n'excédant pas 250 francs pour chaque infraction. »

Presqu'en même temps que la ville de Paris, Zurich, le premier en Suisse, déterminait de façon semblable le minimum de salaire par une loi votée les 11 et 12 juin et ratifiée le 24 juillet 1892 par le referendum populaire :

« ART. 152 de la Constitution municipale : Le Conseil administratif fixe les salaires pour les employés et les ouvriers à la journée. Comme salaire minimum pour une journée de dix heures de travail, le taux de 4 francs pour les manœuvres adultes, celui de 4 fr. 50 pour les artisans adultes est pris pour base..... »

En réalité, pour 365 ouvriers à 4 francs, il y en a : 361 de 4 fr. 10 à 4 fr. 50 ; 263 de 4 fr. 50 à 5 francs ; 115 de 5 fr. 10 à 5 fr. 50 ; 48 de 5 fr. 60 à 6 francs ; 12 de 6 fr. 20 à 6 fr. 50.

A Winterthur, le salaire minimum est de 4 francs ; il est à Biel de 3 fr. 60 ; il est à Lucerne de 3 à 4 francs suivant, pour la même fonction, la capacité de travail de l'ouvrier. A Lausanne, il est de 4 francs, 4 fr. 50 et 5 francs, suivant les charges de famille.

En ce qui concerne les indications relatives au salaire minimum, un résumé très bref suffit, les membres du Parlement ayant entre les mains l'intéressante note de l'Office du travail, en 1897, sur le « minimum de salaires dans les travaux publics en Angleterre, Belgique, etc. ».

C'est, de tous les pays d'Europe, en Belgique, que s'est le mieux et le plus rapidement établie la règle et la pratique du minimum obligatoire des salaires dans les travaux publics des provinces, des communes et de l'État. Les conseils provinciaux et communaux, l'État déterminent les salaires minima de chaque nature de travail, et le bordereau en est inscrit au cahier des charges des adjudications et entreprises. C'est le 2 juillet 1896 qu'ont été arrêtées, puis modifiées en décembre 1896 par le Ministère des Travaux publics, les clauses suivantes du cahier des charges des travaux de l'État :

1° Bordereau des salaires à insérer par l'entrepreneur dans sa soumission avec engagement de les payer ;

2° Affichage du bordereau des salaires dans les chantiers ;

3° Contrôle du payement des salaires. L'entrepreneur remettra à chaque ouvrier qu'il engagera, un bulletin spécial, contenant entre autres, la catégorie dans laquelle l'ouvrier est rangé (ouvrier, apprenti, manœuvre), la nature du travail auquel il va être occupé, le taux du salaire, extrait du bordereau ;

4° Pénalités. S'il est constaté qu'un ouvrier a été payé à un taux inférieur à celui fixé au bordereau, l'entrepreneur est mis en demeure de s'acquitter. . . . . — Si l'entrepreneur n'obtempère pas à l'avertissement de l'administration deux fois répété, il sera, suivant la gravité du cas, exclu temporairement ou définitivement des adjudications de l'État.

Le bordereau indique, au cahier des charges de tous les travaux de l'État, des salaires qui ne peuvent être inférieurs au taux des salaires normaux de la région où s'exécutent les travaux. Ils sont augmentés de 25 p. 100 pour tout travail en dehors des heures habituelles y compris les dimanches et les jours de fêtes légales. (Circulaire ministérielle de décembre 1896.)

Le Ministre belge des chemins de fer qui avait d'abord été l'adversaire le plus ardent de l'introduction du salaire minimum dans les travaux de l'État, s'y convertit et, après enquête, décida qu'aucun ouvrier ne serait occupé aux chemins de fer à un salaire inférieur à 2 fr. 60 et 2 fr. 80.

En Allemagne, en dehors du plan d'un salaire minimum pour les employés et ouvriers de l'État, du grand duché de Hesse, c'est dans les communes comme Carlsruhe, Francfort et Mannheim qu'on trouve établi le minimum de salaire des travaux et services communaux.

En Espagne, un décret royal du 11 mars 1902 fixe, en la motivant, la journée de travail, limitée à huit heures, dans les établissements de l'État : . . . . (1)

Ces exemples suffisent. Il serait superflu de prolonger cette revue des progrès, à l'étranger, du minimum de salaire, tendant de plus en plus à devenir, en fait, le tarif syndical, et de la réduction de la journée de travail aboutis-

_____

(1) Sur ce décret voy. p. 83.

sant déjà dans les pays, économiquement les plus avancés, à la journée de huit heures.

Ce qui est toujours constaté, c'est que cette double réforme, sans diminuer la production, améliore la qualité du travail et du service public où elle est réalisée, ainsi, au double avantage de l'État ou de la commune et de leur personnel ouvrier et employé. Ce qui n'est pas moins certain, c'est l'effet favorable qui en résulte, qui en est résulté partout, en France comme à l'étranger, pour l'amélioration généralisée des conditions du travail ouvrier, dans l'État et les communes qui en ont pris l'initiative.

La France, entrée plus tard dans le mouvement, par suite, surtout, du ralentissement de son développement économique et du retard de son organisation syndicale ouvrière, semble vouloir regagner le temps et le terrain perdus.

Il n'y a pas besoin de raconter la longue lutte des ouvriers organisés des métiers du terrassement et du bâtiment à Paris pour obtenir le payement, tant par la Ville que par ses entrepreneurs, des salaires inscrits à sa « série de prix », comme un élément du devis de ses travaux. Cette histoire a été racontée en détail à la Chambre, tant dans la proposition que j'avais déposée en 1894 que dans les rapports successifs de MM. Lavy et Baudin, relatifs aux conditions du travail dans les travaux publics et dans les débats auxquels ces rapports ont donné lieu.

Les délibérations du Conseil municipal de Paris, consacrant les revendications ouvrières avaient été successivement annulées, jusqu'à la délibération du 2 mai 1888 prise sur le rapport de M. Sauton et qui fut approuvée par le Gouvernement de M. Floquet. Par cette délibération, la durée de la journée de travail était fixée à neuf heures, il y avait un jour de repos par semaine, le marchandage sous toutes ses formes était interdit; et, dans chaque catégorie de profession et pour chaque nature de travail, l'ouvrier recevait comme salaire « le prix minimum obligatoire fixé à la série sans rabais ».

Ces règles appliquées de plus en plus pendant deux ans étaient entrées dans les mœurs parisiennes et se répandaient en province. Les entrepreneurs cherchèrent à enrayer le mouvement. Ils portèrent la question devant le Conseil d'État, qui, par un arrêt du 21 avril 1890, leur donna raison et annula l'approbation préfectorale et l'application ultérieure de la délibération du 2 mai 1888, du moins pour le salaire et la durée du travail dans les travaux exécutés sur fonds d'emprunt.

La lutte recommença entre les entrepreneurs, plus ou moins ouvertement soutenus par l'Administration municipale, et les ouvriers, soutenus par le Conseil municipal. Malgré les résistances et quoique des conditions premières l'interdiction du marchandage seule restât inscrite avec la limitation à un dixième des ouvriers étrangers, dans le cahier des charges, les autres conditions étaient cependant observées, quoique irrégulièrement. Une solution législative était devenue nécessaire.

Elle intervint, à la suite de divers débats et rapports, par les trois décrets du 10 août 1899, réglant les conditions du travail dans les marchés passés au nom de l'État, des départements et des communes. M. Millerand, ministre du commerce, avait adopté une solution conforme aux conclusions du rapport parlementaire de M. Pierre Baudin.

Les conditions énumérées, obligatoires pour l'État, ne sont que facultatives pour les départements et les communes. Elles y seront donc observés là où les ouvriers seront organisés et dans la mesure de la force de leur organisation, car les limites de la durée et du salaire du travail ne sont pas fixées par les décrets, mais plus ou moins indéterminées par les habitudes locales.

Voici les premiers articles du décret du 10 août 1899 « sur les conditions du travail dans les marchés passés au nom de l'État ». (*Journal officiel* du 11 août 1899) :

. . . .

Il n'y a pas encore de décision législative, de loi, correspondant pour les services publics à celle qui règle les conditions du travail dans les travaux publics de l'État. C'est l'objet de la présente proposition de loi.

Nombre de communes ont précédé l'État dans cette voie. Il suffit de citer : Bourges, Commentry, Lille, Lyon, Paris, Montluçon, Roubaix, Saint-Ouen, Vierzon, etc.

Ce qui s'est passé, à ce propos, à Paris est particulièrement intéressant. C'était au moment où les entrepreneurs, appuyés par le Gouvernement, la Préfecture et le Conseil d'État, s'efforçaient de rayer le salaire minimum, « les prix de séries, de leurs cahiers des charges d'entreprise que le Conseil municipal, loin de faiblir, l'inscrivait dans les conditions du travail des services communaux.

J'avais, au Conseil municipal de Paris, le 18 mai 1892, déposé cette proposition :

« LE CONSEIL,

« Considérant :

« Que les salaires des ouvriers et employés de la Ville ont été presque toujours établis arbitrairement par l'Administration à un niveau inférieur à celui des salaires industriels et sont devenus, au fur et à mesure de l'enchérissement de la vie, de moins en moins en rapport avec les besoins et les conditions de l'existence ;

« Qu'en reconnaissant le droit, qui doit être étendu à tous ceux qu'elle emploie, d'une retraite de la vieillesse, la Ville ne diminue en rien leur droit à une existence normale pendant la période de travail ;

« Que ce droit de vivre en travaillant jusqu'au jour du repos et de la retraite ne peut être assuré que par un salaire quotidien et mensuel minimum ;

« Que ce point de départ des salaires, qu'amélioreront : la réduction de la journée de travail, le jour de repos par semaine, les efforts du groupement syndical et une meilleure organisation des services, est la base nécessaire de la revision des salaires actuels ;

« Que le Conseil qui, par de multiples délibérations, par l'établissement de la série de 1888, a affirmé le droit, des travailleurs et de la Ville, d'imposer aux entrepreneurs un salaire minimum, ne peut contester le même droit aux ouvriers et employés des services municipaux ;

DÉLIBÈRE :

« Aucun ouvrier ou employé au service de la Ville, à quelque titre que ce soit, ne pourra être payé moins de cinq francs par jour ou de cent cinquante francs par mois ;

« Une revision générale des salaires, des diverses catégories d'ouvriers et employés, aura lieu, par les soins de la 2ᵉ Commission et de la Commission du travail, en vue d'une rémunération égale des travaux égaux et des fonctions équivalentes. »

Le 22 juillet 1892, cette proposition, reprise par M. Pierre Baudin et par moi, était adoptée par le Conseil municipal, qui décidait ainsi de fixer le minimum de salaire de ses ouvriers et employés à cinq francs par jour et à 1,800 francs par an, et ouvrait, pour l'application de cette décision, dès le second semestre de 1892, un crédit de 2 millions.

La délibération du 22 juillet, d'effet interrompu par les vacances, était confirmée, sur le rapport de M. Pierre Baudin, par une délibération votée le 16 décembre 1892, dont l'application immédiate fut la première étape de la réalisation progressive de la décision du Conseil municipal.

Sans entrer dans plus de détails, ceux-ci n'étaient pas inutiles, car la ville de Paris, au moment où elle votait un minimum de salaire aux ouvriers et employés de ses services, était dans une situation semblable à celle de l'État, mais moins favorable.

Elle luttait encore pour que « les prix de série » des salaires fussent respectés par les entrepreneurs de ses travaux et ne se laissait pas arrêter par l'incertitude du succès. Et depuis elle a commencé, à titre d'essai, dans certains services, la réduction à huit heures de la journée de travail.

L'État a le devoir de mieux faire. Il n'a pas hésité à déterminer les conditions du travail dans ses travaux ; il n'a pas hésité à imposer à ses entrepreneurs pour les ouvriers qu'il emploie indirectement un salaire et une durée de travail limités ; comment pourrait-il ne pas le faire pour les ouvriers et employés qu'il occupe directement dans des services où il a toute liberté et devoir impérieux et humain de le faire ?

Il a d'ailleurs commencé.

Les premiers essais de la journée de huit heures par l'État ont eu un plein succès ; pas plus qu'à l'étranger, la production ne s'est ressentie de cette mesure si profitable aux ouvriers (1).

. . . .

Un progrès important résulte de l'arrêté du 21 octobre 1902 et des cir-

---

(1) Ici M. Vaillant reproduit le document relatif au Sous-secrétariat des postes qu'on a lu plus haut, page 9.

culaires du 24 octobre 1902 et du 7 janvier 1903 du Ministre de la Marine, M. Pelletan (1).

. . . .

Par la circulaire du 25 octobre 1902 M. Pelletan reconnaissait l'existence et les fonctions nécessaires, jusqu'ici méconnues par l'administration de la Marine, des syndicats ouvriers.

« . . . . . La question est tranchée depuis longtemps, et le Gouvernement, depuis un certain nombre d'années, est entré en relation avec des syndicats d'ouvriers ou d'employés relevant d'autres départements ministériels. Il est impossible d'admettre que la Marine ait un régime légal différent de celui du reste du pays.

« Les doutes que j'ai remarqués n'ont donc aucun motif, et les autorités des ports et des établissements de la Marine n'ont aucune raison d'hésiter à entrer en rapport avec les syndicats établis parmi leurs subordonnés en vertu de la loi du 21 mars 1884 ».

La circulaire du 7 janvier 1903 étend la journée de 8 heures à tous les arsenaux.

« En raison, dit M. Pelletan, des résultats très satisfaisants obtenus par l'essai de la journée de huit heures,... j'ai décidé d'étendre cette mesure à tous les arsenaux et établissements hors des ports.

« . . . . . La présente décision entrera en vigueur à dater du 15 janvier 1903. »

L'arrivée de M. Berteaux, partisan de la journée de huit heures, au Ministère de la Guerre indique qu'elle ne tardera pas à être introduite dans les arsenaux de la Guerre.

Mais ce n'est pas ainsi, peu à peu, par voie d'arrêtés et de circulaires ministérielles plus ou moins accélérées ou retardées par les sentiments personnels du ministre, c'est par une décision du Parlement que la journée de huit heures et son complément nécessaire, le salaire minimum, doivent être établis d'ensemble dans tous les travaux et tous les services de l'État.

Le Parlement ne doit pas laisser davantage incertaines les limites que déterminent exactement, pour la durée du travail, les forces de l'organisme humain et, pour le minimum des salaires, les nécessités de l'existence de l'ouvrier et de sa famille.

Aussi nous vous proposons, Messieurs, l'adoption de la proposition de loi suivante :

PROPOSITION DE LOI.

ARTICLE PREMIER.

Dans tous les services de l'État ;

Dans les ateliers, chantiers et tous autres lieux de travail ou d'emploi, où s'effectue, soit directement soit indirectement, soit en régie, soit à l'entre-

_____

(1) Voir plus haut, page 14.

prise, soit par commande de marchandises et fournitures par ou pour l'État un travail quelconque ;

Les conditions de durée et de salaire du travail seront les suivantes pour tous les employés et employées :

1° La durée de la journée de travail, comptée de l'entrée au lieu de travail à la sortie, sera de huit heures ;

Elle sera divisée par un intervalle, entièrement libre, d'au moins une heure et demie, au repas de midi.

Les ouvriers et employés, les ouvrières et employées de moins de dix-huit ans ne travailleront qu'une demi-journée, soit quatre heures le matin ou l'après-midi.

Les ouvriers et ouvrières, les employés et employées travaillant suivant leur âge la journée entière ou la demi-journée, ne sont au service de l'État qu'à la condition de travailler exclusivement pour lui.

2° La semaine de travail, comprend cinq demi-journées de travail, suivies d'une demi-journée de repos. Autant que possible, ce sera à midi, le samedi, que cessera le travail pour ne reprendre que le lundi matin.

Il y aura quinze jours consécutifs de vacances ou repos, payés, par an.

3° La semaine de salaire, comprend sept jours par semaine.

Le payement a lieu chaque semaine.

Pour tous les travaux de métiers où existe une organisation et un tarif syndical, le salaire sera établi suivant ce tarif syndical.

Où ce tarif syndical n'existe pas encore, un salaire équivalent, ou tout au moins minimum, sera provisoirement établi par délibération et entente entre les délégués de la Confédération du travail et les représentants de l'État.

En tout cas, le salaire minimum journalier de tout ouvrier ou ouvrière, de tout employé ou employée de l'État ne pourra être inférieur à cinq francs, c'est-à-dire qu'ils ne pourront recevoir un salaire moindre que cinq francs par jour et trente-cinq francs par semaine.

ART. 2.

Dans tous les travaux faits par ou pour l'État, le marchandage, sous quelque forme que ce soit, sera rigoureusement interdit.

ART. 3.

Il ne pourra être ajouté aux heures de la journée normale d'heures supplémentaires qu'en cas de nécessités accidentelles inévitables. Elles seront, en ce cas, payées le double des heures ordinaires.

ART. 4.

La liberté d'organisation syndicale des ouvriers et ouvrières, des employés et employées de l'État est entière.

ART. 5.

Quand, au lieu d'être exécutés en régie, les travaux et **commandes de l'État** le seront par des entrepreneurs ou fabricants, les conditions du travail de la présente loi feront partie intégrante du contrat avec les entrepreneurs, fabricants ou fournisseurs. Au cas d'inobservation, par eux, de ces conditions de travail, le contrat serait résilié et les contractants rayés des listes des entrepreneurs, fabricants et fournisseurs de l'État.

III. — ÉTRANGER.

On trouvera ci-dessous divers documents concernant la journée de huit heures dans les établissements industriels de l'État en Grande-Bretagne, en Italie, en Espagne, en Autriche et aux États-Unis.

En Belgique, la journée de huit heures n'est appliquée dans aucun établissement industriel de l'État (1); il en est de même en Allemagne et en Suisse (2).

I. — GRANDE-BRETAGNE.

La semaine de quarante-huit heures a été établie en 1894 dans les chantiers du Gouvernement du Royaume-Uni, après un examen des résultats obtenus avec la journée de huit heures dans certains établissements privés, et après des essais partiels effectués par le Gouvernement à Woolwich. Le nombre des ouvriers affectés par cette mesure a été de 43,039, dont 18,641 occupés dans les ateliers de construction, arsenaux et fonderies de canon, les manufactures d'armes et les magasins de la Guerre (Woolwich, Enfield, Birmingham, Pimlico), 24,263 employés dans les chantiers, arsenaux et dépôts d'approvisionnements de la Marine, et 235 affectés à des services divers.

La note suivante, communiquée le 13 juin 1905 par le Labour Department en réponse à une demande de renseignements faite par l'Office du travail, indique avec précision les conditions de la réduction du travail opérée en 1894 et les résultats pratiques de cette opération.

MINISTÈRE DE LA GUERRE.

Manufactures d'armes et fonderies de canons.

La modification dans les heures de travail a été la suivante :

Semaine de cinquante-quatre heures :

a) Du lundi au vendredi : de 6 heures à 8 heures du matin ; de 9 heures

---

(1) D'après une communication de l'Office du travail (Ministère de l'industrie et du travail.)

(2) D'après une communication de l'Office international du travail.

du matin à 1 heure de l'après-midi ; de 2 heures de l'après-midi à 5 heures et demie (à 6 heures le vendredi) ;

b) Le samedi : de 6 à 8 heures du matin ; de 9 heures du matin à 1 heure de l'après-midi.

Semaine de quarante-huit heures :

a) Du lundi au vendredi : de 8 heures du matin à 1 heure de l'après-midi ; de 2 heures à 5 h. 40 ;

b) Le samedi : de 8 heures du matin à 12 h. 40.

L'établissement de la semaine de quarante-huit heures reposait sur les considérations suivantes :

1° Économie de la perte de temps causée par l'arrêt et la reprise du travail résultant du déjeuner ;

2° Économie sur les dépenses d'éclairage et de chauffage, en raison de la réduction des heures de travail de neuf à huit ;

3° Une grande régularité dans l'entrée au travail, le commencement de la journée étant reculé de 6 à 8 heures du matin ;

4° Amélioration dans la condition physique des ouvriers, et conséquemment accroissement de leur force productive ;

5° La conviction que même les ouvriers aux pièces pourraient, sans effort excessif, produire beaucoup plus de travail par heure ;

6° Le fait que la réduction des heures de travail n'avait pas diminué le rendement ou accru les prix de revient dans les établissements de l'industrie privée où l'essai avait été fait,

Le résultat a justifié ces espérances, et il est clair que le contribuable n'a rien eu à payer de plus en raison de la réduction de la journée de travail, et que la production n'a pas diminué. D'autre part, la majorité des ouvriers travaillant aux pièces, le gain moyen hebdomadaire par ouvrier n'a pas été sensiblement modifié, quoique les tarifs des travaux aux pièces n'aient pas été augmentés. Les ouvriers à la journée ont bénéficié d'une augmentation du prix de l'heure, calculée de façon à ce que leur salaire pour la semaine de quarante-huit heures soit égal à celui d'une semaine de cinquante-quatre heures. Il n'a pas été nécessaire d'accroître le nombre des travailleurs à la journée.

AMIRAUTÉ.

——

Arsenaux.

Le système en vigueur dans les arsenaux consiste en une semaine de quarante-huit heures, et non pas dans la journée de huit heures, car les ouvriers ne travaillent qu'environ cinq heures le samedi.

Avant l'introduction de la semaine de quarante-huit heures, la durée hebdomadaire du travail était de cinquante heures et un tiers ; une réduction de deux heures et un tiers a été opérée, dont près d'une heure et demie sur le travail du samedi, jour dont on a ramené les heures de travail dans les limites de la demi-journée, alors qu'auparavant les ouvriers travaillaient jusqu'à

2 heures de l'après-midi avec un arrêt d'une demi-heure à midi pour le repas.

Pour apprécier avec exactitude la question de savoir si l'adoption de la semaine de quarante-huit heures a entraîné une perte pour l'État au point de vue du coût de production, il faudrait, dans la comparaison entre le coût sous le régime ancien et le coût sous le régime nouveau, tenir compte de certains perfectionnements du machinisme et des moyens de transport dans les arsenaux et de divers autres procédés propres à économiser le temps, enfin des augmentations de salaire accordées aux ouvriers de certaines professions. Mais aucune statistique n'a été et même ne peut être établie sur ces points.

L'effet, sur la production, de la réduction du nombre hebdomadaire des heures de travail de cinquante et un tiers à quarante-huit a été, jusqu'à un certain point, atténué par ce fait qu'aucune augmentation n'a été opérée sur les tarifs de travaux aux pièces et, d'autre part, par le retrait de certaines tolérances jusqu'alors en usage ; ainsi :

1° Le délai de trois minutes accordé aux ouvriers pour se rendre au travail après la cloche, le matin et l'après-midi, a été supprimé ;

2° Supprimées également les cinq minutes qu'on leur laissait prendre à midi le vendredi pour se rendre aux bureaux de payement ;

3° On a cessé de donner aux ouvriers une demi-journée de congé à l'occasion de la visite annuelle des Lords de l'Amirauté dans les arsenaux et à l'occasion des élections législatives ;

4° On a mis fin à l'habitude de donner des congés payés lors d'un lancement de navire, etc.

Le total du temps gagné par la suppression de ces diverses facilités atteint presque une heure par une semaine.

D'une façon générale, il ne semble pas que le coût de la production dans les arsenaux depuis l'introduction de la semaine de quarante-huit heures se présente d'une façon défavorable, si on le compare avec celui qui existait sous le régime ancien ; mais jusqu'à quel point le coût de production a été influencé par la réduction des heures de travail, en tenant compte du reste des autres facteurs précédemment indiqués, c'est ce qu'on ne saurait, pour les raisons déjà énoncées, déterminer avec précision.

II. — ITALIE.

ÉTABLISSEMENT DE LA JOURNÉE DE HUIT HEURES.

En Italie, la durée du travail effectif dans les *manufactures de tabacs* est de sept heures pour les ouvriers et de six heures à six heures et demie pour les ouvrières (1),

(1) *Bolletino dell' Ufficio del lavoro*, juillet 1904, p. 907.

Mais dans le cas d'une besogne extraordinaire, le personnel doit travailler même au delà de la durée normale du travail, et sans majoration de salaire pour la première heure supplémentaire (1).

Dans les *arsenaux et établissements de la Marine*, la durée du travail, diminuée du repos de midi pris à l'intérieur des ateliers, est tantôt inférieure, tantôt supérieure à huit heures et varie avec les arsenaux et établissements :

Spezia :   Décembre et janvier, sept heures et demie;
Novembre et février, huit heures et demie;
Le reste de l'année, neuf heures et demie.
Le repos varie de trois quarts d'heure à une heure un quart.

Naples :   Octobre à mars, huit heures;
Le reste de l'année, dix heures.
Avec repos d'une demi-heure à une heure.

Venise :   Décembre, sept heures et demie;
Janvier, sept heures trois quarts;
Novembre, huit heures et demie;
Février, huit heures trois quarts;
Octobre, neuf heures;
Le reste de l'année, neuf heures et demie.
Repos d'une demi-heure à une heure.

Tarente :   Décembre et janvier, huit heures;
Février, huit heures et demie;
Novembre, huit heures trois quarts;
Mars, juillet et août, neuf heures;
Septembre, neuf heures un quart;
Juin et octobre, neuf heures et demie;
Avril et mai, neuf heures trois quarts.
Repos d'une demi-heure à une heure.

Ces mêmes temps de travail sont en vigueur pour les ouvriers du génie; cependant, ceux de la Maddalena font dix heures.

La direction autonome du génie pour les travaux de la Marine à Spezia occupe aussi des ouvriers extraordinaires, c'est-à-dire non inscrits sur les listes du personnel régulier, qui font les journées suivantes :

Novembre à février, huit heures;
Mars et avril,
Septembre et octobre,   } neuf heures;
Mai à août, dix heures (2).

Dans les services du *Ministère de la guerre*, les dessinateurs, chimistes et lithographes travaillent huit heures par jour. Les ouvriers du service géographique de l'armée font :

Novembre à février, sept heures et demie,
Mars et avril,
Septembre et octobre,   } huit heures et demie;
Mai à août, neuf heures et demie.

---

(1) *Bolletino dell' Ufficio del lavoro*, octobre 1904, p. 545.
(2) *Ibid.*, novembre 1904, p. 694 et 697.

Le personnel ouvrier de la pharmacie centrale militaire fournit toute l'année huit heures de travail (1).

Dans les *salines*, la durée du travail ne peut être inférieure à sept heures pendant la saison d'hiver, et à huit heures pendant la saison d'été (2).

III. — ESPAGNE.

I. — FIXATION À HUIT HEURES DE LA DURÉE DE LA JOURNÉE DE TRAVAIL.

La journée de travail dans les établissements de l'État a été fixée à neuf heures par un décret royal, en date du 11 mars 1902, ainsi conçu :

Afin de régulariser le travail des ouvriers dans les propriétés, mines, fabriques et autres établissements de l'État dépendant du Ministère des finances et de fixer d'une façon uniforme et définitive le nombre d'heures qui doit constituer la journée de travail; afin de déterminer la rétribution supplémentaire à accorder aux ouvriers lorsque, pour les besoins du service, il convient de prolonger la journée ordinaire, le Roi, et en son nom la Reine régente, décrète que la journée ordinaire de travail, dans tous les établissements ressortissant au Ministère des finances sera de huit heures; toute heure en plus sera payée au taux équivalent à un huitième du salaire journalier stipulé.

II. — APPLICATION ET RÉSULTATS DU DÉCRET ROYAL DU 11 MARS 1902.

Il résulte d'une communication, en date du 24 juin 1905, de l'*Instituto de reformas sociales* que les modifications résultant de l'application du décret ont été peu considérables, soit parce que la journée de huit heures était déjà pratiquée à la fabrique nationale de la Monnaie et du Timbre, soit parce qu'en raison de la nature des opérations effectuées, la durée de la journée était déjà inférieure à huit heures dans la mine de mercure d'Almaden. La réforme n'a affecté qu'une partie des travaux extérieurs (ateliers, machines d'extraction, etc.) de ce dernier établissement, travaux effectués en général à la journée : la journée qui, suivant les mois, variait de huit heures à dix heures et demie, et dont la moyenne était de neuf heures et un tiers, a été limitée à huit heures; la réduction de la production constatée depuis l'application du décret est évaluée à 14.25 p. 100. «A cette diminution du rendement il convient de joindre les augmentations de salaire accordées depuis le décret; on peut les fixer approximativement à 20 p. 100, ce qui donne un accroissement de 34.25 p. 100 dans le prix moyen du travail.»

---

(1) *Bolletino dell' Ufficio del lavoro*, février 1905, p. 324 et 330.
(2) *Ibid.*, mars 1905, p. 498.

IV. — AUTRICHE.

A la demande de l'Office du travail, l'Office international du travail a prié le Gouvernement autrichien de lui fournir des renseignements sur l'application de la journée de huit heures dans les travaux de l'État en Autriche. En réponse, il a reçu au mois d'août 1906, la communication suivante :

La journée de huit heures est introduite depuis l'année 1903 dans la fabrique I. et R. de munitions à Wöllersdorf, mais seulement dans les ateliers où l'on manipule des substances insalubres. Six heures seulement sont consacrées aux manipulations proprement dites, les deux autres sont employées pour les travaux préparatoires et pour le finissage. Ces ateliers occupent actuellement 18 ouvriers et 4 ouvrières d'une façon permanente.

En outre, la durée du travail des manœuvres civils employés occasionnellement dans les arsenaux d'artillerie de Cracovie, de Pola et de Przemysl, au cours des opérations de vérification des munitions, ainsi que celle des manœuvres civils employés d'une façon permanente à l'arsenal d'artillerie de Gratz pour l'emballage de la poudre, est fixé à huit heures en été et à sept en hiver. Ces travaux d'emballage occupent 20 personnes et le système de la journée de huit (en hiver sept) heures a été introduit en 1893.

D'ailleurs, en hiver, c'est-à-dire du 1er octobre au 31 mars, la durée du travail des manœuvres civils employés occasionnellement et selon les besoins du service est également fixée à huit heures par jour dans presque toutes les manutentions militaires, et cela depuis fort longtemps déjà, de sorte qu'il n'est plus possible de préciser à quelle époque la journée de huit heures a été appliquée pour la première fois.

Dans les mines de sel gemme de la Galicie et de la Bukovine la durée du travail (équipe) des ouvriers travaillant au fond (1,300 environ) a de tout temps été fixée à huit heures par jour.

Enfin, dans 7 des 13 exploitations minières relevant du Ministère I. et R. de l'agriculture, la journée de huit heures est en vigueur et cela dans deux (Idria et Pribram) pour les travaux au fond et au jour, dans cinq (Saint-Joachimstal, Kirchbichl, Kitzbühel, Brüx et Raibl) pour les travaux au fond seulement. L'introduction de la journée de huit heures date, dans cinq de ces exploitations (Idria, Pribram, Saint-Joachimstal, Kirchbichl et Kitzbühel) du dernier et de l'avant-dernier siècle ; à Brüx elle a été introduite en 1900 et à Raibl en 1906. Des 8,300 ouvriers employés en 1905, 4,500, soit 54 p. 100, travaillèrent par équipe de huit heures, soit dans les mines, soit dans les forges (fonderies), les premiers en qualités de charpentiers, d'abatteurs, de rouleurs etc., les seconds comme tondeurs, affineurs, calcineurs, etc.

V. — ÉTATS-UNIS.

I. — ÉTABLISSEMENT DE LA JOURNÉE DE HUIT HEURES.

A. — *Gouvernement fédéral.*

Le premier acte officiel émanant du Gouvernement des États-Unis, relatif à la limitation des heures de travail dans les établissements ou chantiers fédéraux, paraît avoir été un ordre exécutif du président Van Buren, en 1840, qui fixa à dix heures la durée de la journée. En 1868, le Congrès vota une loi établissant la journée de huit heures au profit de tous les travailleurs employés par le Gouvernement fédéral ou par d'autres personnes en son lieu et place. Comme cette loi était dépourvue de sanction, la journée de dix heures fut maintenue dans divers services. Une loi de 1892 reproduisit les dispositions adoptées en 1868, mais y ajouta des pénalités. C'est la dernière censure générale prise en cette matière, du moins en ce qui concerne le Gouvernement fédéral (1).

B. — *États de l'Union* (2).

27 États ou Territoires de l'Union, en dehors du Gouvernement fédéral, possèdent actuellement des dispositions législatives établissant, pour certaines catégories de travaux, la journée de huit heures. Ces dispositions, toutefois, sont loin d'être uniformes et d'avoir partout la même application.

Alors que divers États l'ont limitée aux travaux publics exécutés, soit en régie par l'État ou les communes, soit par des adjudicataires ou sous-adjudicataires, d'autres l'étendent à *tous les travaux*, tant qu'une convention autre n'intervient pas entre les parties. Certains la prescrivent uniquement, soit dans les mines et fonderies, soit dans les établissements pénitentiaires, soit dans les travaux d'irrigation ou sur routes. Quelques États la stipulent dans plusieurs de ces catégories de travaux.

Les premiers États qui aient institué la journée de huit heures sont le Connec

---

(1) Au début de l'année 1904 a été présenté à la Chambre des représentants un bill ayant pour but de décider qu'à l'avenir la règle de la journée de huit heures serait inscrite dans tout contrat passé avec un entrepreneur par le Gouvernement des États-Unis. — Voy. *Eight hours for laborers ou Government Work.* — *Report by the Hon. Victor H. Metcalf, secretary, Department of Commerce and Labor, on H. R. 4064 (Eight hour bill)*..... Washington, 1906; — de plus *Eight hours for laborers ou Government Work, Hearings before the Committee on Labor of the House of Representatives*..... Washington, 1904; et *Senate bill 489, Eight hours, etc., Arguments before the Committee ou Education and Labor of the United States Senate*, Washington, 1904; enfin le *Bulletin de l'Office du travail*, août 1905, p. 722 et suiv.

(2) *Bulletin du travail de l'État de Massachussetts*, janvier 1904. On verra par la lecture du résumé de cet article (publié dans le *Bulletin de l'Office du travail* de mars 1904) qu'aux États-Unis le législateur ne sépare pas, comme le font les États européens, les établissements industriels de l'État et ceux des particuliers lorsqu'il intervient dans la fixation de la durée du travail. C'est pourquoi on a cru bon de ne pas reproduire uniquement les renseignements fournis par le *Bulletin du travail* qui se rapportent aux établissements industriels d'État.

ticut et l'Illinois, qui, dès 1867, ont déclaré d'une façon générale « que l'on considérerait comme journée légale huit heures de travail accomplies le même jour, à moins d'une convention contraire passée entre les parties ».

En 1894, un troisième État, l'Indiana, édicte la loi suivante :

« Huit heures de travail constituent la journée légale pour les artisans, ouvriers et manœuvres autres que ceux de l'agriculture et autres que les domestiques. Les patrons et les ouvriers peuvent fixer un salaire additionnel pour les heures supplémentaires. La loi est applicable à toute personne, établissement, corporation, société ou association employant de la main-d'œuvre dans l'État, ainsi qu'à tous les artisans, ouvriers ou manœuvres employés par l'État, par les municipalités ou par leurs agents, ainsi que par les personnes ayant une adjudication de l'État. »

La même année, le Colorado interdit de faire faire plus de huit heures par jour, ou plus de quarante-huit heures par semaine, dans les travaux exécutés pour le compte de l'État, des comtés, villes, districts scolaires, municipalités ou bourgs.

C'est surtout en 1899 et, de 1901 à 1903, que la plupart des États sont entrés dans la même voie.

Voici comment se répartissent les États ou territoires de l'Union, selon la catégorie de travaux à laquelle la journée de huit heures est applicable, avec indication de l'année où la loi a été votée ou modifiée.

Journée de huit heures dans tous les travaux, à moins de convention contraire entre les parties : (6 États) Connecticut (1867), Illinois (1867), Indiana (1894), Missouri (1899), New-York (1899 et 1900), Pensylvanie (1868).

Journée de huit heures dans les mines et fonderies : (7 États) Arizona (1903), Colorado (1899), Missouri (1901), Montana (1901), Nevada (1903), Utah (1898), Wyoming (constitution).

Journée de huit heures dans les travaux publics de l'État ou des communes : (19 États) Californie (1903), Colorado (1894), Colombie (1902), Hawaï (1903), Idaho (1899-1901), Indiana (1894), Kansas (1901), Maryland (Baltimore) [1898], Minnesota (1901), Montana (1901), Nevada (1903), New-York (1899-1900), Ohio (1900), Pensylvanie (1897), Porto-Rico (1902), Utah (1903), Washington (1899), Virginie occidentale (1899), Wyoming (constitution),.

Travaux sur les routes (prisonniers ou comme corvée en payement de la taxe des routes) : [3 États] Missouri (1901), Nouveau Mexique (1901), Tennessee (1899).

Travaux d'irrigation : Nevada (1903).

Travaux des réservoirs : Ville de New-York (1903).

Fabriques et ateliers (sauf convention contraire) : Wisconsin (1899).

Travaux dans les prisons : (3 États) Pensylvanie (1891), Tennessee (1899), Utah (1903).

Certaines dérogations à la journée de huit heures sont prévues dans les cas suivants par les lois de divers États :

Dérogations prévues en cas d'urgence : (9 États) Arizona, Californie, Colombie, Hawaï, Kansas (1), Minnesota, Montana, New-York, Washington.

Exception en faveur des domestiques et ouvriers de ferme : (7 États) Illinois, Indiana, Minnesota, Missouri, New-York, Ohio, Pensylvanie.

En ce qui concerne les mesures d'application, certains États stipulent l'insertion de la clause des huit heures dans tous les contrats de travaux publics (Idaho, Minnesota, New-York, Ohio, Washington); d'autres édictent des pénalités pour infraction à la loi : ce sont ceux de Colombie, Maryland, Minnesota, Missouri, Nevada,

---

(1) Dans le Kansas les heures supplémentaires doivent être payées selon le taux local courant ; dans le Washington, elles doivent être égales à 50 p. 100 en plus du salaire.

Ohio, Pensylvanie, Utah, Washington, Virginie occidentale. Les amendes s'élèvent parfois à 5o francs par ouvrier et par jour, jusqu'à concurrence de 2,5oo et même de 5,ooo francs.

Pour donner une idée de ces lois nous citerons le texte de l'article 1er, qui y est relatif, de la loi générale sur le travail de l'État de New-York, tel qu'il résulte des modifications qui y ont été apportées en 1899 et 1900 :

« Huit heures de travail constituent la journée légale pour tous les ouvriers employés dans l'État, excepté ceux employés comme domestiques ou dans les fermes, à moins de stipulation contraire.

« Le présent article n'empêche pas les parties de s'entendre pour des heures supplémentaires, à un salaire supérieur, excepté dans les travaux publics exécutés en régie ou par des adjudicataires.

« Tout contrat dans lequel l'État ou une commune est intéressé, impliquant l'emploi de la main-d'œuvre, stipulera qu'aucun ouvrier occupé par l'employeur ne pourra ni ne devra faire plus de huit heures par jour, excepté dans les cas de détresse (incendie, inondation ou danger).

« Les salaires dus pour une journée légale dans les travaux publics ou pour la confection des articles nécessaires à l'exécution d'un contrat public ne seront pas inférieurs au salaire courant dans l'industrie de la localité où le travail est exécuté ou à laquelle il est destiné. Le contrat portera une clause spéciale à cet effet. Il stipulera en outre que toute infraction au présent article sera cause de nullité (1).

« Aucune somme ne pourra être payée à titre de travaux en cas de violation dudit contrat.

« Le présent article n'est pas applicable aux personnes employées régulièrement dans les établissements de l'État, non plus qu'aux mécaniciens, électriciens et ouvriers des ascenseurs du service des bâtiments civils pendant la présente session législative. »

Une loi de 1902 porte en outre que :

« Lorsque la direction des aqueducs passera contrat pour la construction de nouveaux aqueducs, elle devra ne faire faire et ne laisser faire que huit heures de travail. »

Dans l'État de Massachussetts, la journée est de neuf heures dans les travaux publics. Depuis plusieurs années un mouvement existe en faveur de la réduction à huit heures ; une loi de 1899, modifiée en 1900, porte que dans chaque localité, sur pétition signée d'un certain nombre d'électeurs (100 dans les villes et 25 dans les bourgs), la question sera réglée par voie de referendum. En 1903, une loi établissant les huit heures dans les travaux de l'État n'a pas été ratifiée par le Gouverneur, qui l'a déclarée anticonstitutionnelle et onéreuse pour l'État (cette opinion a du reste été admise par l'attorney général).

De 1899 à 1902, 44 villes ou bourgs de l'État de Massachussetts ont adopté les huit heures dans les travaux publics.

L'application des lois sur la journée de huit heures dans les travaux publics et les mines a, dans plusieurs États, donné lieu à des procès au cours desquels on a contesté la validité de ces lois. Dans certains cas, les parties en ont appelé à la Cour suprême fédérale de la décision des tribunaux d'État.

La Cour suprême du Colorado a, en 1899, déclaré anticonstitutionnelle la loi de huit heures dans les *mines et fonderies* par le motif suivant :

« La loi porte atteinte au droit qu'ont les patrons et ouvriers de s'entendre pour

---

(1) La Cour d'appel de New-York a déclaré anticonstitutionnelle la clause relative aux salaires courants (février 1901).

une affaire privée qui ne porte aucun préjudice à la collectivité ; elle lèse, en outre, injustement toute une classe de citoyens et leur impose certaines obligations, dont d'autres, dans des conditions analogues, se trouvent dispensés ».

Par contre, la Cour suprême de l'Utah, en 1896, à deux reprises, a admis la validité d'une loi analogue, « parce qu'elle tend à sauvegarder la santé et la vie des ouvriers des mines » ; la Cour fédérale a sanctionné cet avis.

En ce qui concerne les *travaux publics*, la loi de huit heures a été déclarée anti-constitutionnelle par la Cour suprême de l'Ohio et la Cour d'appel de New-York. Cette dernière estime que la loi « ne dérive pas du droit de surveillance qu'a l'État, mais qu'elle établit à tort une distinction entre diverses catégories d'adjudicataires, ou même distingue pour un seul adjudicataire, selon qu'il travaille pour l'État ou pour un particulier. L'État a le droit de protéger les femmes et les enfants contre les travaux dangereux ; la présente loi ne se préoccupe pas de la nature du travail, de l'âge, du sexe des ouvriers non plus que de la personnalité de l'entrepreneur.

Les cours du Kansas et du Wisconsin, ont au contraire admis, en 1899, la validité de cette disposition :

« Quelle qu'ait pu être l'idée inspiratrice de cette loi, ont-elles jugé, nul ne peut contester à l'État le droit d'imposer huit heures à ceux qui travaillent pour lui ; l'État, gardien des intérêts communs, doit dicter les conditions des travaux qu'il fait exécuter. Aucun tribunal ne peut l'en blâmer. »

Et ailleurs :

« Nul n'est obligé de soumissionner pour des travaux publics, et aucun ouvrier n'est obligé de s'embaucher chez un adjudicataire ; il ne peut être ici question d'attentat à la liberté ; la loi n'est donc qu'une instruction donnée par l'État à ses agents et nul ne peut lui contester l'exercice d'un tel droit. »

II. — Résultats de l'application de la journée de huit heures.

En réponse à une demande de renseignements sur ce point, émanant de l'Office du travail, le bureau du travail de Washington a fait connaître, par lettre du 19 juillet 1905, qu'il n'existe dans les divers départements du Gouvernement fédéral aucun renseignement sur le nombre des personnes tombant sous l'application de la loi fédérale de 1892, ou sur les parties du service dans lesquelles elles sont occupées. Le Commissaire du travail ajoutait qu'il aurait été tout disposé à faire une enquête détaillée pour répondre à la question posée, mais que, renseignements pris, il lui paraissait impossible d'aboutir à des résultats satisfaisants.

IV. — RAPPORT DU DIRECTEUR DU CONTRÔLE

*sur l'inspection du travail dans les arsenaux
et dans les établissements de la Marine pendant l'année 1905.*

(11 avril 1906.)

Les fonctionnaires du Contrôle de l'Administration de la Marine ont été chargés, par l'arrêté ministériel du 20 septembre 1904, de l'inspection du travail dans les arsenaux, en ce qui concerne la durée du travail, la protection des enfants, des femmes et filles mineures, les formalités à remplir en cas d'accident, l'affichage des lois et règlements. Outre ces attributions qui leur sont propres, ils concourent avec les officiers du Génie maritime et du corps de Santé, à constater certaines contraventions à des règles élémentaires de sécurité et d'hygiène. Leur service ordinaire de contrôle les appelle fréquemment dans les ateliers et dans les magasins. Au cours de ces visites journalières, il leur est facile de voir dans quelles conditions les travaux s'exécutent et d'exercer avec toute la persévérance désirable la surveillance qui leur est dévolue. En présentant au Ministre, dans un rapport d'ensemble, les résultats de leurs investigations, nous nous conformons à l'article 6 de l'arrêté susvisé.

Travail des adultes. — Les ateliers de la Marine se classent, au point de vue de la durée du travail exigé des adultes, en deux catégories : les uns emploient dans les mêmes locaux des hommes adultes, des enfants, des filles mineures ou des femmes; dans les autres, il n'existe pas de personnel protégé. Les premiers sont régis par la loi du 9 septembre 1848, qui prévoit un maximum de 12 heures de travail. Pour les seconds ce maximum est fixé à 10 heures par la loi du 30 mars 1900. Mais cette distinction n'offre, dans la pratique, qu'un intérêt fort restreint, car la décision ministérielle du 7 janvier 1903 a fixé uniformément à 8 heures la durée de la journée de travail pour tous les ouvriers de la Marine, sans établir de différence entre le personnel protégé et non protégé. En réalité, la limite de 8 heures n'est pas toujours atteinte, si l'on ne considère que le temps consacré au travail, sans tenir compte de la prise et de la remise des marrons, de la toilette des ouvriers, etc. Le Contrôle pourrait se borner à ce simple exposé et affirmer que les services du Département ne risquent pas d'être pris en défaut, si la nécessité de terminer certains travaux urgents ou d'en continuer d'autres qui ne comportent pas d'interruption, n'amenait parfois les directions à conserver les ouvriers au delà des heures de cloche. Il se produit alors assez fréquemment des dépassements que les contrôleurs relèvent soit en consultant les carnets n° 1, soit en visitant les ateliers. Dans certains ports, c'est au moment des manœuvres de bassins qu'ont été commises les infractions. Aux forges de la Chaussade (atelier de la fonderie), les 5 janvier et 14 avril 1905, un ouvrier a travaillé 13 heures; un autre, 14 heures, le 26 janvier : ces hommes avaient commencé leur service avant leurs camarades pour l'allumage des cubilots et du four. Le sous-directeur a pris des mesures pour qu'à l'avenir, le remplacement ait lieu après 12 heures de travail. Dans le même établissement, à l'atelier de l'ajustage, plusieurs ouvriers ont travaillé 18 et 20 heures. Voici l'explication donnée par la direction : « Les dépassements signalés proviennent de ce que les ouvriers en question (chauffeurs de chaudières ou conducteurs de machines au laminage) ayant travaillé le jour, ont dû remplacer des ouvriers de la tournée de nuit qui s'absentaient. Il ne paraît pas possible d'opérer autrement; il semble d'ailleurs que cette exception devrait être autorisée, par assimilation avec la faculté prévue dans le quatrième cas concernant l'alternance des équipes. Je dois ajouter que le nombre d'heures de travail indiqué a été coupé par un repos de 4 heures. »

A Toulon, il a été reconnu que l'organisation des équipes à l'atelier du zingage n'était pas absolument régulière. En conséquence, une dépêche du 16 mai 1905 a institué pour le service de veille et d'entretien des creusets, trois équipes alternantes, dans les conditions prévues par l'article 1er du décret du 28 mars 1902.

Dans le même port, le Contrôle résident « ayant eu l'occasion de constater la durée anormale de la présence continue dans le port (de la cloche du matin à celle du lendemain soir) des ouvriers des mouvements généraux chargés du service de garde pendant la nuit à bord de la chaloupe d'incendie, a dû appeler sur cette situation l'attention de la direction des Constructions navales, qui a étudié, de concert avec les intéressés, les moyens de concilier les exigences du service d'incendie, avec les règlements fixant la durée maxima du travail des adultes. Par analogie avec les dispositions adoptées pour le zingage par la dépêche du 16 mai 1905 — à cette différence près que le service qu'il est ici question d'assurer n'a lieu que pendant la nuit — on s'était tout d'abord arrêté à la combinaison ci-après : 1re bordée : de la cloche du soir à 10 heures du soir, coïncidant avec la relève du zingage, avec reprise du travail le lendemain matin à 7 heures; 2e bordée : de 10 heures du soir à 7 heures du matin, avec reprise du travail à la cloche de l'après-midi.

« Ces dispositions ont donné lieu, de la part des ouvriers, à des objections reconnues fondées....., aussi a-t-on proposé la solution suivante, afin de ménager, dans la mesure du possible, tous les intérêts en cause : le service de nuit succéderait sans interruption au travail de jour, mais serait suivi d'une journée entière de repos avec perte de salaire, soit 22 heures ou 22 heures et demie, selon la saison, de présence dans l'arsenal..... Le Contrôle résident consulté a fait connaître à la direction que, malgré son alternance toutes les trois semaines environ pour chacun des vingt ouvriers composant l'équipe d'incendie, une présence aussi prolongée dans l'arsenal ne lui paraissait pas en harmonie avec les prescriptions légales..... » En conséquence, la question a été soumise au Ministre. Il sera d'autant plus facile de la trancher que la loi du 9 septembre 1848 ne vise que des heures de travail et non des heures de garde.

A la demande du Contrôle résident de Toulon, une dépêche du 5 août 1905 a décidé que le marché de viande fraîche passé dans ce port contiendrait à l'avenir une clause obligeant l'adjudicataire à se conformer au décret du

10 août 1899. Par suite, et en vertu des articles 3, 6 et 10 combinés de l'arrêté du 27 novembre 1899, le fournisseur sera passible de l'exclusion temporaire ou définitive des marchés de la Marine, s'il exige de ses employés, sans autorisation expresse, plus d'heures de travail que ses engagements ne le prévoient.

A Rochefort, le Contrôle résident a signalé que le repos hebdomadaire n'est pas toujours assuré au personnel du chantier de la Charente et que certains ouvriers figurent dans la comptabilité pendant des périodes ininterrompues de 35 à 61 jours. Le directeur des Travaux hydrauliques a répondu qu'il s'agissait d'hommes occupés « soit à des manœuvres de dragage occasionnées par la marée, soit à des travaux de réparation du matériel flottant ». L'impossibilité d'accorder à chaque ouvrier un jour de liberté par semaine ne nous paraît pas démontrée.

Le Contrôle résident de Toulon a relevé, de son côté, qu'un ouvrier des Travaux hydrauliques n'a disposé d'aucun jour de repos entre le 15 octobre et le 10 décembre. Mais, dans aucun des cas que nous avons relatés, les intéressés n'ont formulé de plaintes ; ils préfèrent ne pas réclamer, afin de continuer à recevoir des allocations supplémentaires.

. . . .

TABLE DES MATIÈRES.